大夏书系·教师专业发展

汪瑞林 著

素养时代的教师专业成长

华东师范大学出版社
全国百佳图书出版单位
·上海·

图书在版编目（CIP）数据

素养时代的教师专业成长 / 汪瑞林著. —上海：华东师范大学出版社，2022
ISBN 978-7-5760-2767-9

Ⅰ.①素…　Ⅱ.①汪…　Ⅲ.①师资培养—研究　Ⅳ.① G451.2

中国版本图书馆 CIP 数据核字（2022）第 053334 号

大夏书系·教师专业发展
素养时代的教师专业成长

著　　者	汪瑞林
策划编辑	卢风保
责任编辑	张思扬
责任校对	杨　坤
封面设计	奇文云海·设计顾问

出版发行	华东师范大学出版社
社　　址	上海市中山北路 3663 号　邮编　200062
网　　址	www.ecnupress.com.cn
电　　话	021-60821666　行政传真　021-62572105
客服电话	021-62865537
邮购电话	021-62869887　　地址　上海市中山北路 3663 号华东师范大学校内先锋路口
网　　店	http://hdsdcbs.tmall.com/

印 刷 者	北京密兴印刷有限公司
开　　本	700×1000　16 开
印　　张	12.5
字　　数	166 千字
版　　次	2022 年 8 月第一版
印　　次	2023 年 4 月第五次
印　　数	15 101-18 100
书　　号	ISBN 978-7-5760-2767-9
定　　价	52.00 元

出版人　王　焰

（如发现本版图书有印订质量问题，请寄回本社市场部调换或电话 021-62865537 联系）

目　录
Contents

序　谱写教师专业成长的时代新曲　　　　　　　　　　　001
前　言　　　　　　　　　　　　　　　　　　　　　　　005

 第一辑　课程建设与教学改革

从熟知到真知
　　——对课堂教学中三个常见问题的反思　　　　　　003
从知识走向素养
　　——对课堂教学改革三个发展趋向的再认识　　　　008
从"例子"走向广阔的语文天地　　　　　　　　　　　014
校本课程结构优化与品质提升之道　　　　　　　　　　020

附

专家访谈：如何加强新时代的劳动教育　　　　　　　　028
实践案例：养浩然正气，育君子之风
　　——清华附小构建"成志教育"育人模式纪实　　　036

第二辑　学生发展与核心素养

人工智能时代需要培养学生怎样的能力　　　　　　　　　047
课堂教学改革的"原点"与"支点"　　　　　　　　　　051
提升学生能力与素养要处理好三个关系　　　　　　　　054
当课改遇上"双减"　　　　　　　　　　　　　　　　　060
"双减"如何与中高考改革相向而行　　　　　　　　　　066

附

专家访谈：凝练学生发展核心素养，培养全面发展的人　　072
实践案例：把时间还给学生的课堂什么样
　　　　——名师管建刚和他的家常课改革　　　　　　　077

第三辑　立德树人与学科教学

改进中小学德育评价的方向性思考　　　　　　　　　　087

中小学"课程思政"的功能及其实现方式　　　　　　　096

提升社会大众对统编三科教材的认知水平　　　　　　　110

发挥科学教育的价值导向功能　　　　　　　　　　　　119

附

专家访谈：如何发挥好统编三科教材的育人功能　　　　128

实践案例：良知教育，立德树人的实践路径
　　——贵州省修文县推进中华优秀传统文化教育的探索　　136

第四辑　教师成长与专业写作

"动笔写"：教师专业成长的重要途径　　　　　　　　145

向名师学什么　　　　　　　　　　　　　　　　　153

破除教师成长的"体制"依赖　　　　　　　　　　156

教学反思的三个视角　　　　　　　　　　　　　　160

角色转变后，教师当于何处发力　　　　　　　　　165

附

专家访谈：教育需要微创新　　　　　　　　　　　171

实践案例：是什么让他们快速出彩
　　——苏州工业园区青年教师培养新探索　　　　177

序　谱写教师专业成长的时代新曲

成尚荣

我与汪瑞林是好朋友，是忘年交。我称呼他时只有"瑞林"两个字，没有任何其他的后缀，既干净，又亲切。虽如此，我内心对他是充满敬意的，他的为学为事为人的方式，透射出一种品格，值得我好好学习。

瑞林给我许多重要的帮助与支持。记得《中国学生发展核心素养》发布后，我连续写了5篇文章，意在阐释中国学生发展核心素养是深植于中华传统文化之中的，既具有鲜明的时代色彩，又具有历史与文化的久远与深厚性，是核心素养的中国表达。这一命题得到瑞林的首肯，并刊发在《中国教育报·课程周刊》上。有一天他还向我转发了教育部相关司局领导对此表示认同和感谢的信息。记得在课程改革中，我提出应将提升课程品质作为深化课改的重点之一，他将此文放在版面重要位置刊发，可见他对课改深化也有自己的想法，我与他不谋而合。也曾记得，劳动教育风生水起之后，我写了一篇题为《价值体认：劳动教育的核心》的文章，他收到后快速刊发，不久后《新华文摘》全文转载……值得回忆的还有很多很多，我都将这些珍藏在内心深处。

瑞林是个优秀的编辑，他工作时专注、投入，深入思考，精益求精，心无旁骛。他有编辑特有的专业敏锐，选题深刻响应党和国家的要求，通过标题的修改画龙点睛地揭示文稿的深意，又以恰到好处的编辑加工彰显文稿的亮丽。瑞林是个处处用心的"智者"。

瑞林是个优秀的读书人。他读书时心绪平稳，能把书读进去，真正读懂，从中撷取精华，丰富自己的认知框架，滋养自己的心灵。他不仅读课程、教学方面的书，还广泛涉猎人文学科、自然科学，对哲学、美学、教育学、伦理学、心理学等都满怀兴趣地读。正因为如此，对来自不同领域，有着不同见解、不同风格的稿件，他都能有准确的判断。瑞林是一个话不多但思想活跃的"读者"。

瑞林是个有自己风格的写作高手。编辑工作让他开阔眼界，增加见识；读书让他丰富学养，深刻思考。他内心始终充满写作的激情，常与我交流一些专业方面的思考，不吐不快。编者、读者、作者多重身份、角色的叠加，产生了视域融合，开掘了思想的深度，也开拓了写作思路。他经常到基层学校采访调查、听课评课、参与课程教学改革研讨、与业界专家对话，对当前中小学课程教学改革的难点、热点所在和一线教师的期盼了然于胸，所以他写的文章接地气，选题准确、立意高远、思路清晰，文中深蕴着新意，学术性、针对性、建设性和操作性都很强，文字功力又深，写出的自然都是好文章。瑞林是个勤奋的"作者"。

我最想说的是，瑞林是个"诚者"。他对事业忠诚，对作者真诚，对同事、朋友挚诚，而且"修辞立其诚"，文字里是满满的诚。诚是种品德，是种态度，是种情感，说到底是为人的品格。瑞林的写作风格就是他人格的生动表现。瑞林是个具有中国文化印记的知识分子。

《素养时代的教师专业成长》是瑞林的新作。他以素养时代为背景、为视域，站在更高的视角审视教师专业成长，以敏锐的目光探寻教师专业成长的时代特点，又以准确而清新的笔触，为教师专业成长开一扇新的门窗，辟一条新的路径，无疑这是可期待的。我要表示衷心的祝贺。

这本书的总主题集中而鲜明，而角度又是多样的、丰富的。所有的角度都聚焦于立德树人根本任务，而立德树人根本任务又通过学生核心素养的培育与发展去落实，正是这重大主题为教师专业成长指明了方向，这样的过程也正是教师专业成长的新路径。教师专业成长要解决的根本问题是培养什么人、怎样培养人、为谁培养人。这其中又内蕴着第四个问题——谁来培养人。这一任务历史地落在了教师的肩头。读这本书，心里是热乎乎的，肩上的担子是沉甸甸的。

教师专业成长也应以素养为本。教师的专业素养有哪些具体要求呢？又如何去培养、发展呢？本书从四个方面勾勒了一个行动框架，虽是文章的汇集，但又能形成一个结构。尤其是每辑的引言，既是本辑主要内容的提示，又是核心观点的提炼、阐释。四个引言使内容串联起来，形成了结构。其实，这也是教师专业素养的大体结构。

值得我们关注的是，本书文章的选题，紧跟时代热点和政策导向，特别是对课程教学改革、学科育人、统编教材、教师专业写作、考试评价等有深入的研究和独到的思考，内容贴近教师的教育教学实际，能引发教师心灵共鸣，产生思想共振。真问题的解决能帮助教师从熟知走向真知，从教学走向教育，从知识走向素养，从案例走向普遍意义。这一走向，让教师专业成长站在一个更高的平台上，回望传统文化，又瞭望世界，根扎得深，才可以向上更高地飞扬。

从这本书中，我再次发现，瑞林有一颗敏锐而有责任担当的仁爱之心，这颗心与教师的心一起跳动；瑞林有一双凝视的眼睛，紧紧盯着教育改革教学改革的实践，发现了教师的创造和课改的真义；瑞林有两只有力的脚，立足中国大地，用自己的笔谱写出了教师专业成长的时代新曲。

（成尚荣：著名学者，原江苏省教科所所长、国家督学，教育部基础教育课程教学改革委员会专家）

前　言

先说说我自己。

有时候，一个偶然的际遇，可能会影响一生的抉择和发展的道路。

1994年暑假，带着大一生活的新鲜余味，我到北京游玩，住在北大同学的宿舍里。在仰慕已久的燕园逗留几日，心有感触，写了一篇散文《北大印象》，发表在自己学校的校报上，没想到引起了学生记者团团长的注意，有一天晚上他拿着校报找到我。就这样，我成为了一名学生记者，非新闻专业的我从此"不务正业"，一发而不可收。毕业时，拿着一个鼓囊囊的牛皮纸袋，装着在各大报刊发表的文章样报，敲开了"进京"的大门，开启了我的新闻职业生涯。

从此，写的文章自然是更多了。此时写文章，除了兴趣爱好的驱使，还多了一份职业的责任感和使命感。《中国教育报》的从业人员，既是"新闻人"又是"教育人"，所以在参加一些活动时，主办方常让我坐在专家席而不是媒体席，这让我有点诚惶诚恐。特别是当校长们用热切的眼神看着我，期待我为他们的课程建设或教学改革方案提点意见的时候，当研讨会上主持人递过话筒，期望我也像其他专家一样"讲几句"的时候，当一些专家提出某个选题想和我"探讨探讨"的时候，我知道，仅仅当一个客观事实的观察者、记录者和传播者是不够的，还要成为一个有教育专业眼光的思考者。

"新闻人"与"教育人"的双重属性是融合统一、相辅相成的。新闻者的职业敏感和独特视角，让我的文章更具问题意识和现实针对性，所思所想常是"有感而发"，而思考的过程是"苦并快乐着"的。我常常有这样的体验：长期思考某个问题但脑子里一片混沌，或是想对某个问题谈谈看法却苦无创新之处，但灵感又在不经意间突然降临，或在午夜醒来，或在听讲座时，又或在开车上班的路上……其实，灵感从不会凭空产生，灵感是深深植根于实践探索的，灵感只不过是长期观察思考、酝酿发酵后在某个时间点的瞬间爆发。

人们都说新闻是易碎品，专业性的文章倒是不易碎，但却容易"沉底"——被束之高阁无人问津。专业性文章具有普遍意义的思想价值决定着它的生命力，或者反过来说，只有那种若干年后翻看还觉得不过时、有启发意义的文章，才是具有超越时间的价值的。

这是我孜孜以求的努力方向。

再说说教师。

新时代的教师，不仅要"教书"，还要"育人"；不仅要会"讲"，还要会"写"；不仅要会教学，还要会研究。教师各方面的知识、能力，光靠职前师范教育打下的底子远远不够（何况还有不少教师是没有接受过正规师范教育的），新的教育改革理念、新的时代背景和政策要求、新的教学方式方法，都需要在后天的职业生涯中不断学习、吸收和应用，可以说，教师的专业成长，是一件伴随职业生涯全过程的事情。

最近和一位师范大学的教授聊天，他认为当下有种不好的倾向，就是把教师成长作为一个专门的领域、一门独立的学问去研究。许多中小学老师也热衷于阅读一些专门指导"教师成长"的书籍，似乎从中能找到成长的"秘笈"或"快速通道"。对这位教授的批评，我深表赞同。教师的成长，一定是循序渐进的，不可能如武侠小说中的人物一夜之间练就盖世神功；同时也一定是综合化的、全方位的，应融入到课程开发、教学改革、德育实践及日常校园生活中，把这些方面的东西研究透了、水平提升了，教师自然就成长成熟、丰富提高了，否则，教师的成长只是无源之水、无本之木。这也是本书内容涵盖课程教学、学科德育、学生核心素养培育等话题却命名为《素养时代的教师专业成长》之深意。

最后说说这本书。

书中的文章，均为我担任《中国教育报·课程周刊》主编以来，特别是近三年来关于课程建设、教学改革、教师成长发展的一些理性思考。其中，有9篇刊发于《中国教育报》"主编漫笔"栏目，这些文章多是针对当前课堂教学、教师成长中的一些问题或现象有感而发。还有一些文章则发表在专业的期刊杂志上，包括《课程·教材·教法》《中小学管理》《基础教育课程》这样的学术性较强的中文核心期刊，还有《中国教师》《教育家》《中小学教材教学》这样的专业性杂志。这些文章多是围绕某个问题进行系统思考（如《改进中小学德育评价的方向性思考》《中小学"课程思政"的功能及其实现方式》），其写作是一个较长的充满煎熬的思索与学习的过程，"卡壳"的时候也曾茶饭不思。但当最终看到文章被人大复印资料等转载、在中国知网上被广为下载和引用，当听到很多老师说对他们的教学有帮助、有启发或想就此问题与我继续探讨时，就觉得所做的事情是有价值的，一切的煎熬和付出都是值得的。我分享自己的写作体验，是想告诉老师们，写作过程并不总是一帆风顺的，要想有所进步和提升，有时候是需要逼一下自己的。

除了专业性的思考分析类文章，本书每一辑还收录了一篇本人采写的专家访谈文章和一篇学校或地方实践探索案例，以期从多元视角去解构某一主题，达到理实相生、互为补充、互相启发的效果。在整理书稿的时候，在每一个实践案例后面，我又专门写了一篇采访后记，主要阐述了采写这个案例的缘由及其价值、特色所在，特别是其中有什么是值得教师关注和学习借鉴的。

  文章中涉及人物身份职务变化及机构名称变化的，均依据最新情况作了修订。部分文章在收录编辑时亦略有删改。为方便阅读和保持简洁流畅的风格，刊发于学术杂志的文章，删去了摘要、主题词及参考文献标注，但每篇文章均在文末注明了文章始发刊物及时间，均可依此查阅到原文。我认为这与遵循学术道德规范的要求并无冲突，造成不便之处亦请读者谅解。

汪瑞林

2022年2月20日于清华园

第一辑

课程建设与教学改革

引言

本世纪初推行的新课改，对教师素养提出了新的要求，其中一个重要方面就体现在，教师不仅要有较高的教学水平，而且需要具备课程开发建设的意识和能力，因为很多教育功能，是需要依托特色地方课程和校本课程来实现的。课程建设能引领教师具备更宽阔的视野，探寻教育更为接近源头的东西，更好地打通课程、教材、教学、评价这几个环节，保持教学评的一致性。

同时，新课改以来，各种教学理念和教学模式层出不穷，对于这些新的理念、概念、教学改革主张，教师是否真正理解了其本质内涵？是否具有辨别是非和去伪存真的能力？如果只是不加辨析地照搬照套，或是亦步亦趋地东施效颦，效果必然不佳甚至适得其反。一个好的教师应该是研究型教师。教师应特别注意从本原上搞清楚教学的基本概念、基本关系，理解当前教学改革热点背后的东西，也就是知道教学改革的"所以然"。这需要教师具备一定的理论素养和思辨能力。同时，在各种纷繁复杂的教改浪潮中，有些基本的东西需要坚守，比如尊重教学的基本规律和学生成长发展的认知规律，注重学生基础知识和基本能力的培养，让学生成为课堂的主角，等等。

从熟知到真知

——对课堂教学中三个常见问题的反思

成尚荣先生曾多次引用黑格尔《精神现象学》中的一句名言——"熟知非真知"告诫人们：我们所熟知的东西，并不一定是我们真正知道的。熟知是现象，真知才是事物的本质或规律。我们不能止于熟知，要从熟知走向真知，这是一个转化的过程，也是一个发展的过程。

在课程改革和课堂教学实践中，同样存在很多大家熟知的现象和观点，久而久之，大家见得多了、听得多了，习惯成自然，反而很少去探究其真正的内涵是什么，或是某种观念的对错及其特定的适用情境。比如，在以下三个问题上，一些教师就可能存在认知上的困惑或理解上的偏差，不厘清认识，可能对课堂教学行为产生误导。

一、学生在课堂中处于什么地位

随着基础教育课程及教学改革的深入，一些学校提出"让儿童站在学校正中央""让学生站在课堂中心"的理念并逐渐为大众所熟知。这样的教育理念反映了"教为中心"向"学为中心"的转变，无疑是具有积极意义的。这只是一种形象化的、感性的表达，是一种隐喻而非严谨的、学术化的表述。教师和学生在课堂教学中各处于什么地位，发挥什么样的作用？这是个值得咬文嚼字细细深究的问题。

沈阳师范大学教育科学学院迟艳杰教授在《师生关系新探》一文中指出，师生关系不是比较性的关系，教师的教与学生的学是互为条件的交互活动，是构成教学活动缺一不可的基本因素，不可以比较二者的地位和作用。那又该如何理解学术界为人熟知的"发挥教师主导作用"和"尊重学生主体地位"这句话？现在有些教师不敢谈发挥教师的主导作用，似乎强调教师的主导作用，就把学生置于从属地位了，弱化了学生的主体地位。其实不然。北京师范大学王策三教授曾指出："在教学中，教师主导作用具有客观必然性和必要性。教学的方向、内容、方法、进程、结果和质量等，主要是由教师决定和负责的；相反，学生决定不了，也负不了这种责任。"由此观之，教师主导的对象是教学过程、教学内容和教学方法，而非学生。尊重学生的主体地位，强调的是在学习过程中要发挥学生的积极性、主动性、创造性，引导学生独立思考，让学生成为学习的主人，在主动探究的过程中生成知识而不是被动地成为知识的接收容器。

由此可见，发挥教师主导作用与提倡教师扮演好课堂的"引导者""组织者""参与者"角色并不冲突，与尊重学生主体地位并不矛盾，二者是统一的，教师的主导作用发挥得好，才能更好地为学生的"学"服务。

对于发挥教师主导作用和尊重学生主体地位的实质内涵和辩证关系理解不深入、不正确，可能会导致教师在日常教学中角色定位不准，教学行为产生偏差，比如课堂依旧是满堂灌、一言堂，或者形式上热闹活泼、互动频繁，学生的思维却停留在浅表层次；教师在教学中畏首畏尾、不敢大胆创新，该管的时候不管，该发挥作用的时候不发挥作用，导致教学目标不明晰、教学效率低下。让学生站在课堂正中央，教师既不能越位，也不能缺位。

二、什么是真正的"理解"

在中小学的课堂上，很多教师在讲完一个公式、一个定理或某个知识点时，总是会习惯性地问学生："能理解吗？""听懂了吗？"在教师的意识中，理解＝听懂了。

理解是学生在已有知识和将要学习的新知识间建立起联系的桥梁和纽带。美国著名教育家、心理学家布卢姆将认知过程分为记忆（回忆）、理解、应用、分析、评价、创造六个维度，记忆（回忆）只是"学习的保持"，属于认知过程的较低层次，其他五个认知类别与"学习的迁移"联系越来越紧密，而理解就是促进学习迁移的起点。因此，在学校的课堂教学中，特别强调理解的重要性。但是，什么是真正的理解、深度的理解？我们又该从哪些方面去测评学生是否真的理解了？

按照布卢姆目标分类学，理解的认知过程包括解释、举例、分类、总结、推断、比较和说明等，亦即对于一个问题，能做到以上七方面才算得上真正的理解。而笔者更倾向于援引美国教育测评专家、《追求理解的教学设计》一书的作者格兰特·威金斯提出的"理解六侧面"理论。二者对于理解的阐释不完全相同，作为不同的理论体系，很难简单地说谁对谁错，只要能做到逻辑自洽就可以了。

依据"理解六侧面"理论，真正的理解要做到能解释、能阐明、能应用、能洞察、能神入、能自知。这六个侧面展现了学生知识迁移的能力，也是教师在课堂教学中应拓展引导的方向。

能解释，就是能恰如其分地运用所学理论或知识合理地解释现象，说明事物之间的联系。能阐明，就是能进行演绎、解说和转述，阐明事物背后的意义，与解释不同，阐明往往需要依托具体情境并与学生自身的经验产生对接。能应用，就是能在不同的、现实的情境中有效地使用知识。如果学了某个知识，在该用的时候却不知如何应用，那实际上还是没有理解，因此，儿童心理学家皮亚杰认为"学生的应用创新本身就展示了其理解程度"。能洞察，就是能提出批判性的、富有见地的意见，也就是我们常说的要具有批评性思维，具有从不同角度看待问题的能力。能神入，就是能将自己带入当事人的处境,从当事人的立场看待事物发展,通俗地讲就是"将心比心""换位思考",我们常说"我非常理解你现在的处境(或心情)"就是这个意思。要做到这一点,要求学生具有丰富的体验。比如在课堂上,有些教师举例难以让学生"共情",其实就是因为例子的内容离学生生活实际太远,学生缺乏情感体验。能自知,就是能充分认识自己,知道自己的思维模式和行为方式是如何促进或妨碍了认知。

从"理解六侧面"可以看出,真正的理解,远非明白了所讲的意思、"听懂了"那么简单,学生表示"听懂了"却不明白什么情况下可以应用该知识,不会举一反三,实际上还是没有理解。教师怎样讲才能让学生真正理解?如何设计具体的表现性任务来测试学生是否真正理解了?教师在教学时若能从这些方面多下功夫进行探索,一定会使课堂更有深度、学生思维更有深度。

三、元认知知识是否可"教"

近年来,随着认知科学、认知心理学的发展和引入,在课程教学领域,人们越来越多地听到"元认知"这一名词。一些教育专家亦提出,要提升学生高阶思维能力,教师在课堂上应多教元认知知识。

那么,首先我们需要搞清楚什么是元认知以及元认知知识。元认知是美国心理学家弗拉维尔提出的概念,意为对认知的认知。人们在学习时,一方面进行着各种认知活动(感知、记忆、思维等),另一方面又要对自己的各种认知活动进行积极的监控和调节,这种对自我的感知、记忆、思维等认知活动的再感知、再记忆、再思考就称为元认知。元认知知识通常包括关于学习、思维和解决问题的一般策略性知识,关于认知任务(情境和条件)的知识和关于自我认知的知识。

布卢姆教育目标分类学起初将知识分为三类,在修订时加上了元认知知识，与事实性知识、概念性知识、程序性知识一起组成知识的四个类别。与其他三类知识相比，元认知知识更为抽象，它更多地对应着认知过程中"分析""评价""创造"这样的高阶思维活动。实践证明，掌握较多元认知知识或元认知能力较强的学生通常学习能力更强、学习效率更高。

元认知知识确实是个好东西，问题是，元认知知识在课堂上可以教吗？从上述定义和概念亦可看出，这样的知识是超越具体学科的，很难在课堂上像语数外等学科知识一样以讲授的方式"教"给学生。学术界对此也存在巨大争议，目前元认知知识、元认知能力更多地被视为心理学的专业范畴，让中小学的学科教师在课堂上教元认知知识，确实有些勉为其难。

但是，这并不意味着中小学教育对此只能无所作为。对认知的认知和对自我的认知，这方面的素质培养和能力提升，更多地需要学校有意识地进行课程设计，让学生通过体验、探索的方式，在无意识中感悟和习得。事实上，一些综合探究、综合实践类课程，还有职业生涯规划课程，对于引导学生认识思维的普遍规律、认清自我在认知和学习方面的强项与弱项是很有帮助的。如果能引入认知心理学方面的专家，让他们参加课程设计及教学过程的指导，相信对于提高学生元认知意识和能力会大有裨益。

对自我的认知与一个人的信念及价值观亦密切相关，价值观念直接影响一个人行事的动力、目标和方式。从这个意义上讲，强调学科课程的育人作用，强调价值观教育的融入，对于提高学生的元认知意识和能力同样是非常重要的。

（原载于《中国教育报》2020年10月15日第11版"主编漫笔"栏目）

从知识走向素养

——对课堂教学改革三个发展趋向的再认识

有一天，读小学五年级的儿子说："爸爸，你知道吗，我们现在单元测验有很大变化，题目变少了，每道题的分数提高了，错一道题就丢好多分。"我看了几份他的单元测验卷，确实如此，过去可能分散在三四个题目中考查的知识点，现在综合到一道题里了。

一张小小的测验试卷，背后反映出命题立意的变化，进而体现出课堂教学改革的导向。自20世纪90年代以来，我国高考内容改革已经从知识立意走向能力立意，进而走向素养立意。高考命题改革及其逐层向下的传导效应，对于促进中小学课堂教学由知识本位走向素养本位、由"育分"走向"育人"起到了积极的推动作用。

纵观近年来中小学课堂教学改革，综合化、情境化和开放性是其中三个重要发展趋向。值得我们深思的是：为何要这样改，背后真正的价值和意义何在？

一、综合化：培养整体认知和综合解决问题的能力

综合化的测验、考试，必然要求综合化的课程及教学方式与之对应，这不只是应付考试的功利化之举，更是发展学生核心素养、提高学生思维能力的必然要求。

与综合化相对立的是知识的碎片化和各科课程之间的割裂。著名的哲学家、数学家怀特海对此给予了猛烈的批评。他认为："世上最无用、最可憎的莫过于那些有脚书橱式的人。我们所致力于培养的人，应该既有文化修养，又有特定的专业知识。"而"一个人的文化修养体现为活跃的思维，以及对美和高尚情操的感受力，这与掌握零碎的知识毫不相干"。他在演讲稿《教育的目的》中指出："如何让知识保持活力，从而避免僵化，这是一切教育的核心问题。""如果教师零敲碎打地教授很多科目，学生就只能被动地接受那些不连贯的知识，却不能受到任何富有活力的思想的启发。"怀特海告诉我们，综合化的学习有利于提高一个人的文化修养，还能激发学生思想的活力，促进学生的自我发展。这与我们今天倡导的综合育人的教育理念是一致的。

当前课改的热点探索，背后都能看到综合化的思想，比如以"大概念"为核心的教学改革。对于什么是"大概念"有多种不同的阐释，但是大家基本上形成了一个共识——大概念是抽象出来的概念，是能够将各种概念和理解联系成为一个连贯整体的概念，是超越个别知识和技能、能够在更大范围内迁移应用的概念。可见，知识的综合性与联系性是大概念的应有之义。

四川师范大学教育科学学院李松林教授将大概念由低到高分为四个层次：学科课时内的大概念、学科单元内的大概念、学科单元间的大概念、跨学科的大概念。这与当下很多学校开展的课程整合探索路径似曾相识，这反过来促使我们思考：推进课程整合的内在逻辑和依据是什么？其实就是能把相关知识串联起来的、处于更高层次、居于中心地位的大概念。综合性是大概念和课程整合的内在灵魂，正是在综合性的学习中，学生打通了知识之间的内在关联，形成了整体认知。

让学生在综合课程中学习，则是综合性学习的更高形态。这里所说的综合课程，是指以问题为导向或者按照某个专题展开的多学科融合课程。

清华附中开过一门叫"国家安全下的科学技术"的综合课程，涉及文、理8个学科，其学科的综合度远超通常意义上的STEM课程（STEM课程只是综合课程的一种类型）。清华附中校长王殿军认为，综合课程不以学知识为主要目的，它要求学生综合运用各个学科的思想方法、理论概念和具体知识去解决某个具体的问题，在培养学生的高阶思维和创造力、培养学生综合运用知识解决问题能力方面的作用是单科课程不可取代的，好的综合课程还能与单学科的学习互相促进。如何设计综合课程，自然地把已学知识引进去，把学生综合解决问题的能力显现出来，这对学校的课程建设水平和教师的能力水平都是很大的挑战。

二、情境化：在体验知识生成与应用过程中增进理解能力

2020年发布的《中国高考评价体系》明确提出，高考命题将"情境"作为考查的载体。这里所说的情境包括生活实践情境和学习探索（任务）情境。而情境依据其作用，又可以分为背景型、启发型、解释型、探究型等不同类型。在2020年高考各科试题中，就有很多题目与"新型冠状病毒肺炎疫情"有关，其中少数属于深度融合的探究型情境，大多数属于背景型情境。

我们为何要在学生的学习中嵌入情境、为何要推行情境化教学？我还是从辅导孩子做作业说起。好几次儿子碰到不会做的数学应用题向我请教。我看一遍长长的题干，明白了症结所在：他不是相关的数学知识没学好，而是没读懂题意——不知道这道题暗含了什么条件，要让他求的是什么。我在关键处略一点拨，他马上说："哦，不用再讲了，我会了。"

人类一切知识起源于劳动实践活动。我们现在所学的书本知识，归根结底是人类经过长时间的观察、思考和体验，从自然现象和生产生活实践中总结、概括出来，抽象出意义，进行升华或符号化后的结果。情境化的

设计，实际上就是把这些已经抽象出来并符号化的知识，再以某种隐含的方式拆解、渗入到具体的情境中去，而学生分析和理解情境、透过情境看到学科知识本质的过程，就是体会知识生成的过程。如果说知识的起源是由具象到抽象的过程，那么情境化的学习，则是让学生又从具象（给定的生活情境和探索情境）回到抽象（学科专业知识），从中找到给定的条件、隐含的意义，理解概念，明白这个问题在数学（或物理、化学等）上实质是一个什么问题。所谓"没读懂题意"，其实质是无法把情境和对应的知识关联起来。如何建立起从具体情境到抽象化、概念化的学科知识间的联系，是关键，也是一个"关节"，只有打通这个"关节"，才能让学生在"抽象—具体—抽象"的过程中，经历"归纳—演绎—归纳"的思维训练，达到对知识的深度理解与灵活应用。

从解释学的角度看，情境化的教学还有另一个重要的作用，那就是有利于增进学生的前理解。前理解是解释学的一个重要术语，是指在理解活动发生之前主体就已经具有的对理解有着导向和制约作用的语言、历史、文化、经验、情感、思维方式、价值观念以及对于对象的预期等因素的综合。对于中小学生而言，他们的生活体验、生活经历、社会阅历、曾学习过的知识，都是构成前理解的基础，也是学生理解生活情境和探索情境的基础。

由此观之，要让学生更好地学习和理解新知，就要尽量丰富他们的前理解，让其前理解产生更大的正向促进作用。而要做到这一点，就要尽量采用实践性、情境化的教学方式。

首都师范大学教师教育学院张汉林教授认为，填鸭式教学之所以无趣且无用，就是因为它与学生的前理解无关。教师要想方设法让学生的前理解有效参与到学习中来。学生的前理解并非固定不变的，当学生的前理解参与到一个理解活动中并顺利完成理解时，学生的前理解就被一个新的更高的理解取代。在下一个理解活动开始时，这个新的理解便又成了前理解并参与到理解活动中，这就是著名的"解释学循环"。

从这个角度看，情境化的价值超越了"知识考查的载体"这一功能定位，也超越了单纯的课堂教学层面，对于学生的思维发展、个性品格发展有着更深远的意义。我们的教育、我们的课程体系，在教给学生抽象的、符号化的知识之外，更应该让学生在社会生活情境、学科认知情境和个人体验情境中，在自然和社会这个大课堂中丰富自己的大脑。我们生活的这个时代、这个世界，就是学习的最大情境。

三、开放性：创设丰富的学习任务，让知识与生活碰撞生成智慧

还是拿我辅导儿子学习来举例。我发现他在做作业时，有一种类型的题目经常空着没有做，比如"读了这篇短文，结合生活实际谈谈你的感想"（语文），或是在完成了前面的解答后，"请你根据题目所给的条件，再设计一个问题"（数学）。这类题目不会做，说明思维的开放性不够，而导致思维开放性不够的原因之一，可能是课堂教学的开放性不够。

开放性的教学，应给学生更多的独立思考空间。当前许多教师的课堂教学，还是重预设轻生成，引导和启发也是沿着预定轨道走，害怕学生"跑出了圈"，学生思维集中有余而发散不足。有些教师在课堂讨论环节，给学生思考的时间不足，互动讨论流于形式，这背后还是对培养学生开放性思维能力的价值认识不足。

开放性的教学，应为学生创设更丰富的学习任务。近年来，历史高考的开放性试题引起了大家的关注，也引发了"历史课该怎么上"的思考。教育部课程教材研究所研究员、历史学博士何成刚建议，历史教师不妨创新一下学生的作业形式，比如：为马克思、列宁、孙中山等人撰写诞辰或逝世的周年纪念文；拟定采访毛泽东、罗斯福、斯大林等人的采访提纲；

一战结束，为《凡尔赛和约》和《联合国家宣言》的签署撰写街头演说稿；就某个重大问题给《人民日报》撰写社论；撰写相关书评、影评、画评或观后感；对正在发生的国际重大事件提出自己的预测和处理意见；等等。这些看似"不按套路出牌"的学习任务，其实与历史学科核心素养及开放性思维的培养密切相关。其他学科也完全可以借鉴，布置学习任务或作业，不一定要刷题，完成一项小课题研究、撰写一份调查报告或书评影评、完成一项创意制作等，都可以检验学习成效，而学生的开放性思维，就在这样没有标准答案的探索中悄然得到提升。

开放性的教学，还应打开面向自然和生活的大门。今天的课堂，已经打破教室和校园的时空局限，"生活即教育，社会即学校"。只有让学生走向自然与社会的广阔天地，"家事国事天下事，事事关心"，才能让知识与生活碰撞生成智慧，让思维在实践探索中变得更加开放而深刻。

（原载于《中国教育报》2020年12月10日第11版"主编漫笔"栏目）

从"例子"走向广阔的语文天地

叶圣陶先生是现代著名的教育家、文学家、新中国语文教育的奠基者,与吕叔湘、张志公一起被尊称为"语文三老"。叶圣陶先生投身教育工作70余载,他的"五论"(学生本位论、生活本源论、实践本体论、习惯本旨论、工具本质论)教育思想源自实践,博大精深,自成体系。"凡为教,目的在达到不需要教""教师之为教,不在全盘授予,而在相机诱导""语言文字的学习,就理解方面说,是得到一种知识;就运用方面说,是养成一种习惯"……叶老留下的许多教育名言被广为引用,今天看来,对于推动中小学教育教学改革仍然具有十分重要的指导意义。

叶老还有一句话影响很大,那就是"语文教材无非是例子"。一些语文教师或教学研究者常引用这句话来阐释自己的观点,但笔者发现,有些人对叶老这句话存在误解甚至曲解,与叶老的原意往往背道而驰。

叶老当过中小学语文教师,也当过大学语文教师,新中国成立之前与之后累计编写过17套小学和中学语文教材。"语文教材无非是例子",绝非叶老一时心血来潮之语,而是他一以贯之的教育思想。据查证,早在1945年,针对当时语文教育中存在的种种弊病,叶老在《谈语文教本——〈笔记文选读〉序》一文中正式提出"语文教本只是些例子"的说法。1978年3月,粉碎"四人帮"后的中国百废待兴,在北京召开的一次语言学科规划座谈会上,叶老在题为《大力研究语文教学,尽快改进语文教学》的发言中指出:"语文教材无非是例子,凭这个例子要使学生能够举一反三,练成阅读和作文的熟练技能。"现在大家普遍引述的语文教材"例子"说，主要起源于此。

叶老当时的讲话是对十年动荡给语文教育带来的一系列问题的拨乱反正。抛开特殊的时代背景，今天，站在新一轮课程教学改革的角度，我们该如何理解"语文教材无非是例子"这句话？

一、深刻认识"例子"的作用和价值

"无非"亦即"不外乎""只不过……罢了"的意思。从字面意义和日常语言表达习惯出发，一些人由此得出教材不重要的结论，从而轻慢教材、忽视教材，认为教材"可有可无"，教师在教学时"可用可不用"。这种认识是完全错误的。叶老自己对这句话的内涵有明确界定：这是"说语文教本的性质跟作用"(《叶圣陶语文教育论集》第183页)。说教材是例子，绝不是指对待语文教材的态度。

我们在学习数学、物理、化学等学科时会发现，这些学科教材的编写逻辑，总体上是演绎式的（当然，在导入某些知识、讲到某些知识的形成时也会用到归纳的思维方法），以学科的理论知识体系为统率，依照一定的内在逻辑，分章节展开。在这些学科的教材、教学中，也有很多"例子"，但这些"例子"的主要作用，一是帮助加深对某个概念、定理、公式的理解，二是应用所学知识去解决相应的问题。而中小学语文教材的编写逻辑是归纳性的，需要教师和学生通过一个个"例子"，也就是一篇篇课文，去学习、思考、总结出一些语文学科的知识来。因此，语文学科的"例子"（课文），是语文知识的"载体"，是学习的"凭借"，离开了这些"例子"，语文学习就无从谈起。由此观之，语文教材的"例子"，其功能、作用和价值，比数理化等自然科学学科教材中的例子（举例、例题）大得多，二者不可相提并论。

有人可能会说，为何中小学语文不能像其他学科一样，基于学科的系统性和概念体系进行内容分解，按照章节和知识的逻辑体系来编排呢？笔者认为，这个问题包括"语文三老"在内的众多教育专家肯定都曾想过，但是自语文学科诞生百余年来，每册语文课本由若干篇课文组成的体例沿用至今未变，定然有其道理。字、词、句、篇、语、修、逻、文等方面的语文知识，需要学生依托具体的载体和情境去体会、感悟，由"一"而"三"，由感性认知到理性总结。知识隐于课文中，这不仅是由语文学科独特的性质、地位、功能和学习方式决定的，也是顺应儿童青少年母语学习思维发展规律的要求。

二、体会"例子"选取背后多方面的考量

对"语文教材无非是例子"的另一大误解是认为语文教材的选文具有随意性——既然课文只是"例子"，用哪个"例子"不用哪个"例子"，有那么重要吗？

长期以来，社会各界对于语文教材的选文高度关注，中小学课本中多了哪篇文章、少了哪篇文章，往往会成为大众关注的热点话题，乃至引发争议。这种现象充分说明，语文教材选文兹事体大，绝不可凭个人的偏好率性而为。

多年来，语文教材的选文在继承的基础上不断发展、创新。一些经典篇目数十年来在教材中极少缺席，成为几代人的共同记忆，但每次教材修订，选文总会有所增删。这种增或删，绝对不是随意的，而是有着十分全面而深刻的考量。

笔者认为，"例子"的选择至少要考虑三个方面的情况：首先，要考虑到教材建设是"国家事权"、具有体现国家意志的性质，应站在立德树人、铸魂育人的高度看问题。以2017年开始使用的义务教育统编语文教材为

例,为加强社会主义核心价值观的"整体渗透",在选文上,一是加强了中华优秀传统文化的内容,教材中古诗文方面的内容有较大比例的增加;二是加强了革命传统教育的内容,收录了大量革命传统经典篇目;三是加强了国家主权意识教育的内容,增加了一些相关篇目。

其次,要考虑文章自身的"品质",按照统编语文教材总主编温儒敏教授的话来说,就是要"文质兼美","选文既要突出经典性,又要兼顾时代性,还要重视选择思想格调高、语言形式美、值得诵读涵泳的作品,强调体裁的多样性,涵盖古今中外各种文体"。要达到上述目标,需要广泛征求各领域专家的意见,论证课文内容的准确性和历史真实性,以及是否符合科学常识,经过反复讨论、斟酌,最后才能定下来。

再次,要考虑学生的思维发展规律及不同年龄阶段的接受情况,一篇课文多长、生字量多少合适,牵涉哪些语文知识,都需要站在学生的角度换位思考。某一篇文章,放在五年级可能很好,放在三年级学生难以理解,就不合适了。

由此可见,教材中的每一个"例子"都不是随意选入的,更不能随意更换。

三、用好例子,从"教教材"到"用教材教"

叶老"语文教材无非是例子"这句话,当时主要是针对走向另一个极端的"教材至上论"的,那就是拘泥于教材、死啃书本,以为把课文背得滚瓜烂熟、把课文涉及的知识点讲全讲透,语文学习就达到目的了。这样的弊病,在经历多轮课改后的今天依然广泛存在。

在语文教学过程中,如何正确对待"例子"、用好"例子"?按照叶老的说法,教材只是"举一隅",希望学生能学得方法,养成习惯,"以三隅反"。要达到这一目的,就需要教师从"教教材"走向"用教材教"。

教材是依托，是凭借，但不是语文学习的全部。语文是母语教育，语文教育兼具工具性和人文性，承载着传承中华优秀传统文化及进行社会主义核心价值观教育的使命。因此，语文学习必须通过"举一反三"，学一例而知一类，由语文课本走向更广阔的语文天地。

要重视教材、吃透教材而又不拘泥于教材、超越教材，这对教师的专业素养提出了很高的要求——教师在教课本上的"一"时，自己脑子里要先有"三"，也就是要有广博的知识视野，要提前准备好与某篇课文相关联的学习资源。这和我们日常说的"给学生一杯水，自己要有一桶水"是一个意思。

由此，笔者想到课程周刊版面上开设的"读统编语文　品传统文化"这个栏目。开设这个栏目，是想让语文教师分享讲授涉及传统文化的课文时的经验和感悟，但遗憾的是，多数教师写的稿件并不符合要求。很多文章的前半截——"读统编语文"写得"很到位"，以至于写成了对某首古诗词或某篇文言文逐字逐句的"精讲"，但由此扩展延伸出去的部分——"品传统文化"，却没有写出来或仅寥寥数语、浅尝辄止。而实际上，后半截才是落脚点。

当然也有写得非常棒的，人民教育出版社中语室原主任朱于国就是其中一位。比如他在写到小学一年级的识字课《天地人》时，从简单的三个字，讲到古人对天、地、人的认识，以及人与自然的关系等；又比如他把教材中与数字有关的古诗词整合起来，让学生体会中国古代诗词妙用数字所产生的审美效果；他把小学语文教材中写秋天的13首诗词联系起来对比分析，让人看到同样是秋天，在诗人笔下却呈现出或悲愁伤感或明艳高洁等截然不同的意境，品味秋之人生诗意。还有人民教育出版社小语室的杨祎老师，她在详解苏轼的《题西林壁》时，由"横看成岭侧成峰，远近高低各不同。不识庐山真面目，只缘身在此山中"两句诗，扩展到对宋诗"哲思"特点的分析。语文教师在教学时，也应这样由此及彼、纵横联系、拓展延伸，只有这样才能既充分用好"例子"又不囿于"例子"，让学生既见树木又见森林；才能以"例子"为跳板，带领学生走向更深更广阔的文化世界。

从"教教材"走向"用教材教"，还包含一层意思，那就是要培养和提升学生的思维能力，让学生的认知从低阶的死记硬背转向高阶的迁移应用。这就要求语文教师在课堂教学中充分尊重学生主体地位，在教学方式上注重启发、激发，而不是越俎代庖"满堂灌"。唯有如此，才能如叶老所说——"把知识化为自己的血肉""化为自己的实践"。而这，不正是当下所倡导的语文学科核心素养吗？

（原载于《中国教育报》2021年7月30日第3版"主编漫笔"栏目）

校本课程结构优化与品质提升之道

1999年6月,《中共中央国务院关于深化教育改革全面推进素质教育的决定》颁布,把推进素质教育确立为党的教育方针,明确提出"继续完善基础教育,要建立基础教育课程新体系""试行国家课程、地方课程和学校课程"。2001年5月出台的《国务院关于基础教育改革与发展的决定》把"试行"推进到"实行",提出"实行国家、地方、学校三级课程管理",并明确规定,在保证实施国家课程的基础上,鼓励地方开发适应本地区的地方课程,学校可开发或选用适应本校特点的课程,即校本课程。国家课程、地方课程、校本课程三级课程管理体系的建立,标志着我国基础教育课程改革进入了一个新的历史时期。

一、明确校本课程的存在价值及定位要"不忘初心"

在国家、地方、学校三级管理的课程体系中,校本课程的作用、价值何在?如何处理好三者之间特别是校本课程与国家课程的关系?对这些基础性问题的思考,不仅关系到学校课程结构的科学性、合理性,而且会关系到学生的知识和素养结构,影响到立德树人根本任务的落实。

2001年6月教育部颁布的《基础教育课程改革纲要(试行)》对建立三级课程管理体系的改革目的作了说明,"增强课程对地方、学校及学生的适应性"是核心要旨。该文件首次提出要充分考虑课程对地方、学校和学生的适应性，把学校和学生放在课程改革的主体地位，给予更多的人文关照。从这一改革的"初心"出发，三级课程体系应该给予学校、教师和学生更多的课程选择权利，课程内容应该尽可能体现不同地区、城市乡村和校际间的差异，以及不同教师和学生的个性化需求。

校本课程是国家课程和地方课程的拓展和延伸，校本课程因其"重心低"，贴近学校校情和学生生活，在这方面大有可为。校本课程的开发与实施，在提高学生综合素养、更好地满足学生个性化需求，提高教师课程开发意识和教学能力，促进学校课程建设、形成差异化发展格局等方面能起到不可替代的作用。从这个角度看，校本课程是国家课程和地方课程的拓展和延伸，有其独特的价值和存在意义。

但是，我们在看到校本课程重要价值和不可替代的作用的同时，要避免走入另一个误区，那就是片面强调校本课程的重要性，将课程改革简单化、片面化地理解为就是发展校本课程。实践中确实存在这样的问题，不少学校把课程改革的重点放在校本课程开发上，认为只有大力发展校本课程才能彰显特色，这种喧宾夺主的做法造成课程结构的失衡，而课程结构的失衡造成学生的素质结构不合理，进而影响学生的未来发展。要解决这一问题，还是要回到课程改革的出发点、回到校本课程的定位上来，走得再远，也不能忘了为什么出发。国家课程、地方课程、校本课程三类课程在课程结构和体系中有其各自的性质、地位和功能，三类课程相互渗透、相互影响、相互支撑、相互促进。国家课程强调基础知识在人一生发展中不可替代的作用，处于主导地位，而校本课程、地方课程作为拓展性课程，是一种有益的补充。只有坚持这样主次分明、互相渗透的定位，才能让校本课程沿着正确的轨道健康发展，为提升学生的核心素养助力。

二、校本课程建设过程中存在的问题和误区

新世纪以来，各地中小学校本课程建设获得了长足发展，可以用"百花齐放""群芳争艳"来形容，到校园里、课堂上走一走，看一看学生的课表，就能明显感受到校本课程带来的生机活力和个性特色，但是"繁荣"表象下也有隐忧，各地中小学在校本课程开发与实施过程中存在不少问题，这些问题的背后是认识上的误区，概括起来有三点。

一是求多求全，以为校本课程越多越好。不少学校在校本课程开发上盲目追求数量而轻质量，认为校本课程门类、数量越多越好。许多学校的校本课程，少则几十门，多的达到两三百门，校长对外介绍时常常引以为傲。这些课程有的是学校组织开发的，有的是鼓励教师开设的，也有一些是学生社团达人开设的，还有一些是通过购买服务的方式"引进"校园的。殊不知，学生在校学习的时间是有限的，校本课程在学校课程结构中所占空间是有限的，盲目追求校本课程数量，加重了教师和学生的负担，降低了课程质量，同时，这些课程在给学生提供了众多选择的同时，也让学生感到眼花缭乱，不知该如何选择。

二是把校本课程开发窄化理解为就是编写校本教材。有些学校认为开发一门校本课程很简单，就是依托某位老师或组织几位老师编出一本教材。许多教材编写得很粗糙，有些就是简单的资料汇编，或是学校的某一个研究课题，教材的风格体例各不相同，有些甚至还有常识性的错误。学校对教师开发的校本课程的考查评价不科学，主要是看有没有文本型方案或教材，老师不研究校本课程的教学实施，拿着这样的教材照本宣科给学生讲课，学生没有学习兴趣，他们虽然坐在教室里，但是学习并没有真正发生。

三是把校本课程泛化，与一般的实践活动、主题教育活动混为一谈。一些学校把开展的各类单次的或系列的综合实践活动、主题教育活动，都

视为校本课程；有的不考虑本校的实际情况照抄照搬其他学校的做法，甚至错误地认为，只要是以学校为开发主体的课程都是校本课程，模糊了校本课程建设的界限，可谓"校本课程是个筐，什么都往里面装"。这说明学校并没有真正理解校本课程的内涵，没有认真按照校本课程的宗旨和课程元素去开发课程，课程的开发与实施随意性比较强，所开发出来的课程其实并不具有课程的意义。

三、校本课程应在课程规划、开发、资源利用和教学上进行优化和创新

校本课程建设实践过程中出现的各种问题，归根结底还是对校本课程的内涵理解不深刻，对校本课程在学校整个课程体系中的定位不清晰，对校本课程在综合育人过程中应发挥何种作用、如何发挥作用，缺乏深入系统的思考和顶层规划设计。

近年来，以培养学生发展核心素养为目标的育人模式变革将素质教育推进到一个新的阶段，2018年召开的全国教育大会，规划了基础教育改革发展的蓝图，对如何将立德树人根本任务落到实处提出了一系列改革举措。学校在进行校本课程建设时，应该理清思路，与时俱进，结合新时代的新要求，在校本课程的规划、开发和实施上，采取新的策略，改变当前校本课程建设中出现的弊端，优化校本课程结构，提升校本课程品质，让校本课程更好地发挥育人功能。

（一）在校本课程的规划设计上，要依据培养学生发展核心素养的需要和学生实际需求进行系统梳理、整体规划，在课程门类上侧重"补短板"

校本课程多而杂，根本原因在于对校本课程缺乏科学的总体规划和设

计。学校开设的校本课程有哪些门类，开设的依据是什么，要达到什么样的目标？校长应该认真反思，作好整体规划。从校本课程是国家课程、地方课程的"拓展和延伸""有益的补充"这样的定位出发，进行校本课程规划和设计应遵从两个原则，或者说应该从两个方面着力。

其一，要为学校的育人体系补齐短板、补强弱项。在2018年9月10日召开的全国教育大会上，习近平总书记在讲话中指出："要努力构建德智体美劳全面培养的教育体系，形成更高水平的人才培养体系。""要在增强综合素质上下功夫，教育引导学生培养综合能力，培养创新思维。要树立健康第一的教育理念，开齐开足体育课，帮助学生在体育锻炼中享受乐趣、增强体质、健全人格、锤炼意志。要全面加强和改进学校美育，坚持以美育人、以文化人，提高学生审美和人文素养。要在学生中弘扬劳动精神，教育引导学生崇尚劳动、尊重劳动，懂得劳动最光荣、劳动最崇高、劳动最伟大、劳动最美丽的道理，长大后能够辛勤劳动、诚实劳动、创造性劳动。"长期以来，由于教育界内外各种因素的影响，中小学的育人体系和课程体系过于偏重智育，德育、体育、美育、劳育被弱化，甚至缺位。习近平总书记在全国教育大会上的讲话提出构建"五育并举"的教育体系，为中小学课程建设提供了方向性引领，需要认真学习领会，在实践中落实。校本课程应该发挥自由度大、设置灵活、接地气的特点，着重在德育、音乐、体育、美术、劳动技术等方面补齐中小学课程体系中的短板和弱项。在进行校本课程规划设计时，应该突出校本课程的综合性，避免让校本课程成为学科课程的课下延伸。假如校本课程建设仍然围绕学科课程转，形成所谓的语文校本课程、数学校本课程……那么，校本课程就成了变相的学科课程，选择性特点消逝了，校本课程就可能沦到为学科课程服务的地步，也极有可能沦到为应试教育服务的地步。学校不是不可以开发学科性的校本课程，但这绝不是校本课程开发的重点。

其二，要围绕培育学生发展核心素养的目标，进行系统梳理，思考每一门校本课程的价值所在。2016年9月,《中国学生发展核心素养》研究成果正式发布。该研究成果将中国学生发展核心素养分为文化基础、自主发展、社会参与三个方面,综合表现为人文底蕴、科学精神、学会学习、健康生活、责任担当、实践创新六大素养,具体细化为国家认同等18个基本要点。课程及教学是落实学生发展核心素养的主渠道,学生发展核心素养各维度的目标,与各个学科、各门课程都有关联。和国家课程、地方课程一样,校本课程也是培育、发展学生核心素养的重要载体和有效途径。校本课程在发展学生个性、培养学生创新精神和实践能力方面具有独特的优势,学校在进行校本课程的整体规划设计时,具体开设哪些课程,应以是否有利于培育学生的核心素养为选择和取舍的标准;对于已经开设的校本课程,也应以此标准为参照,重新审视、分类、筛选,去掉那些与培育学生发展核心素养关系不大的枝枝蔓蔓,聚焦那些与培育学生发展核心素养密切相关的校本课程,在人力、物力、财力上给予重点支持。学生发展核心素养的理念,将引导校本课程建设进入一个新的阶段。

(二)在校本课程的开发上,要注重规范性,克服随意性,提高课程的品质

校本课程开发强调多元主体参与,学校教师、学生社团乃至社会上的其他单位及个人,都可以参与课程开发。在这种情况下,如何保证校本课程开发的质量、品质就成为一个现实问题。要解决这个问题,应该抓住规范性这个关键,以课程的规范性保障课程的品质。学者成尚荣认为,规范是课程开发的应有之义和内在应有的品质。课程的规范性,主要指课程的基本元素和课程开发的程序。课程的基本元素包括课程名称、课程定位、课程理念、课程目标、课程内容、课程实施、课程资源、课时安排、课程管理、课程评价等。强调这些元素,不是在概念上、形式上兜圈子,而是因为具备了这些元素,才可能成为真正意义上的课程。而课程的开发,是

需要遵循一定的程序的，一般来说，校本课程的开发应遵循组建团队、拟定方案、审议论证、实施课程和进行课程评价等基本程序，程序是落实规范、减少课程开发随意性的保障。校本课程建设过程中，我们常常看到一些学校热情高涨，有激情有干劲，但是缺乏理性精神和严谨务实的科学态度。提高校本课程的品质，必须从课程开发的规范性入手，做到激情和理性的协调与统一。

（三）在课程资源的整合利用上，倡导充分利用社会资源，但要"以我为主"，不能完全跟着资源走

很多学校在校本课程开发的过程中，都会遇到课程资源不足、想开某门课程但"心有余而力不足"的情况。这是很普遍也很正常的现象。校本课程要满足学生个性成长需求，往往门类多、牵涉面广，仅凭一校之力，很难满足开设校本课程所需的全部师资及各种物质资源和非物质文化资源。充分整合利用社会资源（包括家长资源），"不求为我所有，但求为我所用"，是解决资源瓶颈问题的最好办法。城市学校周边的博物馆及各种文化场馆、科研院所、艺术团体及科普教育基地，社区及市内科技界及文艺界、体育界的学者名人，都是可以利用的资源、可以开展合作的对象。农村学校也有自己独特的文化与地理资源。各学校在开发校本课程的时候，应该采取差异化发展策略，不要盲目跟风、攀比，应该充分发掘周边各种可资利用的资源，因地制宜、因校制宜。但是换个角度看，也不能完全跟着资源走。这样的例子也不少见，比如有的学校开设击剑、马术、拳击、篆刻课程，只是因为本地有一两个这方面的国家级高水平退役运动员或名人，但是这样的课程偏于小众化，在操作过程中受教师、场地、设施等条件限制较多，对于学生形成持续发展的兴趣和能力作用有限，可能也较难按照课程的规范性要求去实施。学校在开设校本课程时，必须从课程的普及性、学生的参与度、学生兴趣和技能的可持续发展、课程内容的丰富性与规范性等角度统筹考虑，坚持"以我为主"的建设思路，不能完全跟着资源走。这是一个问题的两个方面，必须辩证科学对待。

（四）在课程实施方式上，应注重教学方式的创新，进行体验式、项目式学习方式的探索

在许多学校积极探索课程及教学方式改革，创新、优质落实国家课程的背景下，我们看到，很多学校校本课程的教学方式，仍然停留在学生排排坐、教师照本宣科满堂灌的时代，不能不说这是一个令人遗憾的现象。校本课程在课程的设计、开发和教学、评价各个环节，拥有比国家课程更大的自由度，也拥有更大的自主改革探索的空间，理应成为教学方式改革探索的"试验田"。校本课程具有实践性、综合性特点，更适合采用自主、合作、探究的学习方式和启发、讨论、参与互动的教学方式。校本课程要让学生全身心、全感官参与，特别是应该结合生活实际、创设生动情境，让学生在体验式学习、项目式学习、多学科知识整合式的学习中加深体悟、升华情感、"习得"知识、提高动手实践能力。课程与教学二者密不可分，课程设计开发得再好，如果不针对落后的教学方式进行相应的改革创新，课程实施的效果将会大打折扣，国家课程如此，校本课程亦然。

〔原载于《基础教育课程》2019年第6期（上半月）〕

专家访谈：如何加强新时代的劳动教育

访谈对象：
李和平：全国政协委员、安徽省政协副主席、安徽省教育厅厅长
柳夕浪：中国教育学会学术委员

在2018年教师节举办的全国教育大会上，习近平总书记在讲话中特别指出："要努力构建德智体美劳全面培养的教育体系，形成更高水平的人才培养体系。""要在学生中弘扬劳动精神，教育引导学生崇尚劳动、尊重劳动，懂得劳动最光荣、劳动最崇高、劳动最伟大、劳动最美丽的道理，长大后能够辛勤劳动、诚实劳动、创造性劳动。"在新时代，如何正确理解劳动教育的价值和内涵？如何改变当前中小学劳动教育弱化乃至缺位的现状，使其发挥应有的育人功能？全国政协委员、安徽省政协副主席、安徽省教育厅厅长李和平，中国教育学会学术委员柳夕浪，就此话题阐述了他们的观点并提出许多建设性意见。

一、强调"五育并举"是回归教育的本质

记者：对于习近平总书记在全国教育大会上关于劳动教育的论述，您

是怎么理解的?

李和平：我非常有幸参加了 2018 年教师节召开的全国教育大会，聆听了总书记的讲话。强调德智体美劳全面发展的教育目标，是回归教育的本质。从德智体美到德智体美劳，尽管只是增加了一个字，但却是整个教育内涵的变革，也是习近平总书记新时代教育思想的具体体现。有了"德智体美劳全面发展"这样一个总体目标，我们就能更好地理解培养什么人、如何培养人的问题。总书记在讲话里讲得很清楚，比如说他讲到：要有理想信念，有爱国情怀，有品德修养，有知识见识，有奋斗精神。他特别谈到了体育、美育和劳动教育的问题，我们要培养中国特色的社会主义事业建设者和接班人，一定要有远大的理想、坚定的信念、爱国的情怀、扎实的学识、百折不挠的奋斗精神，这些与德智体美劳全面发展的教育目标是密切关联的。

总书记说得很好，劳可以树德，可以增智，可以强体，可以育美。因为人类认识世界、改造世界首先是从劳动开始的。我们所有的知识，有间接知识也有直接知识，以间接知识为主体，但间接知识来源于直接知识，来源于劳动实践。把劳动教育纳入教育方针，不光是强化了劳动教育自身的地位和作用，同时也丰富了整个教育的目标和价值追求。

记者：德智体美劳全面发展的提法以前就有过，为何总书记强调劳动教育、强调"五育并举"会引起如此大的反响？

柳夕浪：我觉得，主要有两个方面的原因。首先，这个问题引起了很多人的共鸣，很多人都有在劳动锻炼中成长的经历，特别是现在五六十岁的人，都有在艰苦的劳动中锻炼成长的经历，可能每个人的具体经历各不相同，但是这个劳动锻炼过程对每个人的成长来说，都是一笔宝贵的财富。我们在劳动锻炼中懂得了自立自强，学会了责任担当，培养了意志品质。劳动锻炼和劳动教育，是每个人成长所必须经历的。

其次，我觉得是因为到了必须加强劳动教育的时候了。改革开放40多年来，社会财富不断增加，现在的儿童、青少年生活在物质条件比较富裕的环境里，有些孩子从小衣来伸手饭来张口，逐渐养成了好逸恶劳、不爱劳动、不珍惜劳动成果的习性，并且受到一些社会不良风气的影响，贪图享乐、期望不劳而获。同时有些人认为，人工智能时代到来后，机器人可以代替人干活儿，人就可以少劳动，甚至不劳动了，这是一种非常错误的认识。对一个家庭来说，坐吃山空富不过三代，对于一个国家来说，劳动致富、富民强国，这是一个必要的基础，没有这个基础，其他的什么也谈不上。

李和平：中国特色社会主义进入新时代之后，各项事业向前推进，劳动教育再一次被强调、被纳入培养目标，这是时代发展的新要求，也是一种规律所在。

二、劳动教育弱化，板子不该都打在孩子身上

记者：近年来中小学开展劳动教育的情况如何？一些学校存在劳动教育弱化甚至缺位的现象，原因何在？

李和平：现在的劳动教育确实存在很多问题，开展得不尽如人意。就我对学校一线工作的了解，大概有五个方面的问题：

第一，没有树立劳动教育的价值目标导向。过去的教育方针里没有这句话，我们在教学大纲、课程体系的设计里面没有这个环节，相应的资源也保障不了。学校、家长还有学生都没有这个意识，加上受到"劳心者治人，劳力者治于人""学而优则仕"等传统观念影响，大家都想做劳心者，不想做劳力者，对于劳动在一个人才成长过程中的价值和意义认识不足，客观上忽视了劳动教育。

第二，应试教育挤占了劳动教育的空间。现在的孩子学习负担太重，

应试教育压得他们喘不过气来，虽然我们一再强调体育、美育，包括劳动教育的重要性，但是大家还是追求分数，还是把智育放在最重要、最优先的位置，劳动教育就只能"说起来重要，做起来不要了"。

第三，家长对孩子的教育目标存在错位。因为家长更看重的是考试成绩排名，而不是孩子的全面成长。当然这也不能怪家长，现实情况就是这样，考分高就能上好学校，考分低就不行。这样家长唯恐因为劳动而耽误了孩子的学习时间，不让孩子参加劳动，更何况有些家长从内心就不愿意让孩子干体力活、手工活，生怕孩子将来胸无大志。

第四，我们在整个设计上，没有把劳动教育作为青少年成长必须经历的过程。劳动应该是人生存的一种基本手段，应该像读书一样，成为一种基本生活习惯，但是现在的学校教育没有做这种设计。

第五，没有建立起相应的评价导向体系，也就是说，缺乏评价引导的指挥棒。如果将来能建立起一个科学的评价体系，学生的劳动情况能对其升学、就业等各方面产生实质性的影响，那必将大大促进劳动教育的深入开展。

柳夕浪：李厅长刚才谈到的问题，我觉得核心就是动力问题和机制问题，大家都缺乏动力去做这件事，也没有一个机制去推动。

劳动教育开展得不好也有客观条件的限制。在农村，过去田地是集体的，现在都分到各家各户了，学校就不便于组织到私人的田地去劳动了。在城市，很多工厂实现了自动化，学生可以去参观，但是要体验产品的制造过程比较困难。缺少场地、缺乏工具和机会，这是一个客观制约因素。此外，还有一个很重要的原因，不少学校认识到了劳动的重要性，但是不敢去做，主要是有安全等方面的顾虑。

归根结底其实就一点，学校、家庭和社会，没有把劳动教育摆到应有的位置上。

三、在人工智能时代，如何理解劳动的新内涵

记者：进入人工智能时代，一些体力劳动岗位将可能被机器所替代。在新时代，劳动的概念发生了怎样的变化，该如何重新认识劳动教育？

柳夕浪：我们曾经把劳动分为体力劳动和脑力劳动，从现在的角度看，这种分类意义不大，任何体力劳动都包含着脑力劳动，而任何脑力劳动都有体力的参与，我们的认识特别是体验性认识是全身参与的。

关于劳动教育，存在不少认识误区。

第一个误区，就是把劳动教育简单等同于干活。干活是劳动但不一定是劳动教育，劳动教育必须选择适合的劳动项目，对劳动的过程进行必要的设计，使之具有明确的育人价值导向，特别是要注重引导学生在劳动过程中形成正确的劳动价值观，这是最为重要的。把劳动教育等同于简单的干活，很有可能导致有劳动无教育，甚至是反教育的，经过劳动以后学生反而厌恶劳动了，这是最大的失败。

第二个误区，就是把劳动教育简单等同于技术教育。掌握一定的劳动技能是劳动教育的目标之一，但不是全部。劳动教育应该以技术为载体，充分挖掘技术的育人价值，对学生进行劳动素养的教育。劳动教育是面向每一个人的普通教育，不是特定的专业职业技术教育，两者是有区别的。

李和平：劳动教育的核心是通过劳动培养学生的一种素养，在思想观念上，要尊重劳动，要热爱劳动、勤于劳动、善于劳动，这个中间除了技能，更有价值判断。通过劳动获得在智育和体育过程中得不到的体验，从而把人的综合素质提升到一个新的高度，这就是现代人的需要。

您刚才说到人工智能时代很多事让机器做了，我认为这丝毫不影响我们的劳动和劳动教育。在人工智能条件下，确实有很多事情机器可以替代人，但是在这个过程中，一定不会没有劳动的空间，特别是创造性劳动，这个是机器替代不了的，而且会越来越重要。从教育而非工作的角度看，

劳动教育的功能更是人工智能所不可取代的。

四、开展劳动教育，如何突破客观条件的制约

记者：我们讨论的话题引起了网友们的关注。来自四川成都的一名小学老师请教：作为城市的学校，该如何克服困难创造条件开展劳动教育呢？

李和平：这位网友反映的情况非常现实，长期以来我们忽视了劳动教育，因此劳动教育相关的教学设计包括硬件条件的准备跟不上了。

怎么解决这个问题呢？我认为不是简单地扩充地盘，也不意味着要围绕劳动教育专门设计一些场景，比如什么工作室或者设计制作室之类的。劳动的方式多种多样，比如说中小学生打扫卫生、学生值日、帮助老师作实验室的准备、参加公益活动等，都是劳动。我们要善于开发这个场景，学校里面各种各样的环境和条件都可以利用。

根据劳动教育目标的要求，有些特殊的环境条件，学校应该适当增加投入进行配备。我们把现有的这些可能利用的东西，根据劳动教育的目标进行重新优化设计，也会变成劳动教育的场景。这样的劳动更自然，学生会更喜欢。

柳夕浪：要引导学生，留心身边的劳动机会，利用好身边劳动教育的资源。每天的衣食住行、卧室的收拾、庭院的美化等，这些都是开展劳动教育的机会，只不过我们把这些机会剥夺了，成人抢着把家庭的活儿都干了，孩子没有劳动机会了。现在学校尤其是城市的学校都雇了不少清洁工，其实这些活儿有的完全可以让学生自己做。

此外，我们还需要建立一种资源共享的机制，比如普通的中小学可以考虑和职业学校合作，充分利用职业学校的资源开展相关的劳动教育。再比方说各行各业都有一些资源，应该打通制度壁垒，让各个行业的劳动教

育资源向中小学生、向大学生开放。

五、加强劳动教育，需要学校与全社会共同努力

记者：新时代加强劳动教育，还需要补齐哪些短板？

李和平：我觉得首要的就是真正把劳动教育纳入整个教育体系，作为教育切切实实的价值追求。从实际操作来说，必须建立起学校、家庭、社会，还有教育者自身四位一体的互动模式，在教学计划上要有总体设计，课程体系上有具体要求，教学资源有保障，教师有指导能力，评价体系跟得上，然后要按照既定的目标，德智体美劳同步地在教育过程中实施。各级教育部门和学校都在贯彻落实全国教育大会的精神，各级教育管理部门，包括相关的专家，正在研究新的条件下，如何按照总书记的要求，把劳动教育从理念变成模式，从模式变成方法，从方法变成实践，最终实现劳动教育的目标。

记者：具体从学校课程建设的角度看，该如何做呢？

柳夕浪：从课程建设的角度看，我觉得首先要有一个课程设计，必须把劳动教育纳入中小学的课程方案，作为必修的课程纳入进去。

李和平：要从法理上给予保障。

柳夕浪：对，首先得有它的位置。我们主张要有专门集中进行劳动教育的课程，但是不能仅仅依靠这门课程，在其他学科课程中都应该渗透劳动教育的理念，并且这种设计要小学、中学、大学贯通起来，进行系统化的设计。

另外在课程设置上还要明确课内外劳动时间，因为劳动教育不能仅仅在课堂上讲，要让学生有劳动实践的经历，这就需要一定的课内外时间作保障。

具体在课程建设上，要从目标、内容、实施方式、评价等方面作一个

比较完整的规划，特别是在教育目标上，定位要准确，要全面，围绕劳动素养，加强对学生劳动观念的教育，加强对学生劳动能力、劳动品质、劳动习惯的培养，要引导学生尊重普通劳动者。我发现很多中小学校园的墙上，贴着许多各种各样的了不起的人物，却很少有普通劳动者。我们应该时时、处处营造尊重劳动者的文化环境，这也是校园文化建设的一个重要方面。

培养学生的劳动品质很重要，比如认真负责的态度、精益求精的大国工匠精神等，这些重要的品质需要从小加以培养。

在内容上应统筹安排，兼顾日常生活劳动、服务性劳动和生产劳动，还要注意新技术、新工艺、新方法的应用，体现新时代的特点。劳动内容的变化要与学生的年龄阶段相适应，还要注意跟当地的自然资源条件相匹配，要有可选择性，宜工则工，宜农则农，宜商则商，不能一刀切。

在方式上要突破传统，更多地引导学生从事探究性的劳动、综合性的劳动、项目化的劳动。

李和平：还要完善相应的评价方式，这个也非常重要。

柳夕浪：对，在评价方式上，应强调对劳动经历的写实记录，把学生劳动经历实事求是地记录下来，然后在这个基础上再来作评价，并把评价的结果与某些东西适当挂钩，比方说跟升学挂钩等，这些都有待进一步研究。

总之，加强劳动教育，还有很多问题需要深入研究，同时更需要全社会的支持与努力，形成合力，才能让劳动教育发挥出应有的育人价值。

（原载于《中国教育报》2019年3月10日第4版）

实践案例：养浩然正气，育君子之风

——清华附小构建"成志教育"育人模式纪实

他叫赵云琦，他设计制作的机器人"小云"能对患孤独症的儿童进行辅助教育。在北京大学第六医院儿童脑健康发展中心，"小云"让患孤独症的儿童露出了久违的灿烂笑容。

她叫门鹭彤，她并没有舞蹈天赋，个子不高，韧带也不好，但她热爱舞蹈，一有机会就练，晚上常常抱着舞鞋入睡。她这一跳就是6年，从不合格到获得中国舞等级考试九级证书，还一次次带领舞蹈团队走上世界舞台。

赵云琦、门鹭彤，他们只是清华大学附属小学2017届毕业生中两名平凡的学生。在这一届286名学生中，有70人被评为北京市海淀区三好学生，14人被评为北京市三好学生，3人获得北京市红领巾奖章。他们累计获得区、市、国家级荣誉285项；他们爱运动、敢挑战、勇担当、会沟通、善思考、能创造，以全面发展兑现了自己入学时的誓言。

在这"扣好人生第一粒纽扣"、打开未来之门的6年中，清华附小的学生接受了什么样的教育与洗礼？在2017年北京市教育教学成果奖评比中，清华附小对"成志教育"立德树人整体育人模式的探索荣获特等奖。清华附小的改革探索，对于立德树人根本任务的落地和小学育人模式改革有着怎样的启示？让我们一起走进这所古朴却不失活力的学校一探究竟。

一、从育智到育人，找到小学教育的灵魂

清华附小是一所百年老校。厚重的历史并没有成为学校前进的羁绊，相反，干部和教师的血液里涌动着澎湃的创新激情。世纪之交，清华附小提出"语文主题教学"育人主张，带动全学科的课堂改造，这一成果于2014年获得首届基础教育国家级教学成果奖一等奖。

但是，这并不是清华附小校长窦桂梅心中理想的小学教育样态。放眼四望，小学教育办学功利化、课程随意化、重知识轻育人、重学科轻活动的情况还比较普遍。学生缺乏理想信念、学习动力和创新精神，缺乏时代使命感的现象困扰着很多教育工作者。面对这样的大环境，一所小学如何寻找教育的真义，构建适应时代要求的育人模式？

教育要面向未来也要回望来处。1915年，时任清华校长周怡春创办了清华附小的前身——"成志学校"。前贤已逝，无法考究他们当时的心境和背后的故事，但从这个名字却能看出其超越时代的深意。

"党的十八大首次提出'把立德树人作为教育的根本任务'，而成志是立德树人的重要途径和方式。'志'是教育目标，指向立德；'成'是过程与路径，指向树人。小学是儿童'成志'起步的地方，他们应该在6年中承志——学习继承中华优秀传统文化；立志——面向未来，树立远大理想；弘志——严格要求自己，努力向理想目标迈进。"窦桂梅说。

于是，在2011年，也就是赵云琦、门鹭彤那一级学生入学的那一年，清华附小正式提出开展"成志教育"。由此，清华附小的教育教学改革找到了灵魂，迈入了以"成志"统领学校整体育人模式改革的新阶段。

构建整体育人模式，先从组织形式和管理机制变革入手。学校撤销了年级组、学科组的设置，取而代之的是段部管理和段长负责制，学段拥有教育、教学、科研、人事的管理权。学段内就近评价、育人导向的评价方式，促使所有学科教师打破学科界限，全员育人。在这种设置下，清华

附小的教师没有了办公室，班级教室就是他们的办公室，每个班设正副两名班主任，两名班主任在学科、年龄、性格等方面优化组合，共担育人责任。

这就是清华附小"段部管理＋整合包班"、打造育人共同体的改革。6年一个完整的人才培养周期证明，这一组织管理形式是科学而有效的。

二、由启程至修远，品格养成三进阶

春日的清华附小校园里丁香花开，绿树掩映，青灰色的教学楼沉稳中不失灵动。不同学段的学生在不同的教学楼，低段在启程楼，中段在知行楼，高段在修远楼。

从启程到知行再到修远，不只是学习空间的变换，更是一种整体育人的进阶：启程学段侧重夯实基础，适才扬性，呵护兴趣；知行学段强调知行合一，砥砺意志与行动，培养乐趣；修远学段侧重引导学生树立远大理想，形成正确的价值观念，激励志趣。

课程内容也遵循学生认知规律，按照启程、知行、修远三个学段循序渐进、螺旋上升。除了学科课程，还有一系列凸显学段特色的主题实践活动，如低学段的"启程入队"、中学段的"十岁天空"、高学段的毕业课程等。三个学段各有其意志品质养成目标——启程学段强调言行得体、协商互让，知行学段强调诚实守信、自律自强，修远学段强调勇于担当、尊重感恩。勤奋好学、全面发展的要求则贯穿于6年全学段。

每一个学段的品格养成目标均被细化并编成《成志养成三字诀》。"清华人，知礼仪，讲文明，修养好，进校园，衣整洁……""八方面576个字，不仅每个学生能熟练背诵，更是他们日常行为习惯养成的准则和检查反省的'镜子'。"该校德育主任梁营章说。

三、"1+X"：搭起学生全面发展的脚手架

"以整体育人为导向的成志教育课堂，更强调综合性和整体性，同时给儿童提供了更大的个性成长空间。"该校副校长王玲湘说。

"1+X"课程体系是成志教育课程体系的一大创新。其中的"1"就是优质落实国家基础课程，包括学科课程和综合实践活动课程这两块基石；"X"则指向儿童个性课程，如学校的马约翰体育自主选修课程、戏剧课程、种子课程，以及其他各类学生兴趣课程。目前清华附小开设了68门兴趣课，每天平均开班80个左右，其中体育自主选修项目就有9项。

学科课程侧重培养学生关键能力。在整体育人理念下，各学科以民族精神、社会主义核心价值观为主线进行教材统整，学科内单元、跨学科单元、学科内外单元打通，通过模块化、活动化、主题化的呈现方式，以生活问题或真实性挑战任务激发学生独立思考，以小组合作和深度体验等学习方式，促进学生从认知到情感、行为的转化。"问题驱动、情境调动、工具撬动、平台互动"的学习系统，已经成为清华附小课堂教学的范式。

综合实践活动课程侧重涵育学生的必备品格。学校整合校内外及家长群体资源，根据各学段教育目标和主题，开展文化考察、公益服务、创意制作、情境体验四类综合实践活动课程。寻找第一面军旗、走访革命圣地、体验传统手工艺制作……这些活动让学生在行走与动手中接受革命传统文化的洗礼，传承红色基因。比如，2015年清华附小百年校庆推出《丁香花开》大型校史剧，全校师生1300多人次参与演出，他们通过角色扮演，回顾、体验了学校乃至中国教育百年发展的历史。

四、以成志人物为主轴，主题课程群实现价值统整

2017年寒假，清华附小不同年级、班级的学生有一项类似的寒假作

业：阅读、背诵朱自清相关篇目文章。因为2018年学校的主题课程群就是围绕百年前成志学校的校董朱自清先生展开的。

"仅对学科内容和课堂形式横向进行结构化统筹还不够，主题课程群是横纵结合，横向与各学科关联，纵向贯穿3个学段，突破空间界限，拉长时间周期，实现了混龄学习和互动生成学习，进而实现全过程、全阶段、多向度的完整育人。"窦桂梅说。

从鲁迅、苏轼到朱自清……清华附小以中小学课本中的作者为线索确定主题，将立德树人的宗旨、成志教育的目标与伟大人物的成志立人精神、儿童的学习生活经验进行统整，这样，抽象的价值观念及传统文化立刻变得可触可感、生动鲜活起来了。

"老师您好，这是我设计的鲁迅画像书签，送给您了！"鲁迅逝世80周年纪念日前夕，清华附小的校园热闹无比，全国各地的老师们来了，有关鲁迅的研究专家也来了。一幅幅学生亲手设计制作的以鲁迅及其作品中的人物、故事为主题的画作、明信片、书签生动传神，孩子们设计的鲁迅博物馆、关于鲁迅的小课题研究成果及自编自演的鲁迅作品舞台剧，更是让大家耳目一新。

"与鲁迅的童年相遇"主题课程群，每个学段内容不同，如启程学段，让学生朗读《从百草园到三味书屋》的经典语段，玩鲁迅童年的游戏，低年级学生读高年级学生创作的鲁迅作品绘本；知行学段进行《故乡》《社戏》等片段赏析，制作鲁迅作品相关绘本、插画、书签、泥塑，举办鲁迅作品再创作展览；修远学段科学课结合《从百草园到三味书屋》让学生认识植物，排演戏剧，开展鲁迅小课题研究……

"我们通过童年的鲁迅和鲁迅笔下的童年，让孩子们感受一个温暖、有趣、善良的鲁迅，再从立人思想出发，把他'送上去'，让学生感受鲁迅勇于担当的民族魂。"窦桂梅告诉记者，选哪个人物、定什么主题，不是校长拍脑袋决定的，要经过全校教师的讨论和专家的分析论证才能最后确定。不只是鲁迅、苏轼、朱自清等人的身上，也都有着与立德树人、成志教育主旨密切相关的价值内涵。

五、成志教育特色评价，让六年成长看得见

一幅幅图片展现着各种稀奇古怪的虫子，这些虫子生活在哪里，它们有什么独特的习性和本领？台上的李家华讲得绘声绘色，围坐在一起的孩子们听得津津有味。

这是清华附小"水木秀场"的现场。2011级学生李家华是本场主角。他对研究昆虫有着独特的爱好，上学期间他利用假期到全国乃至世界各地观察和研究昆虫，用相机和日记记录各种昆虫习性和自己走过的足迹。他把这些研究经历写成《昆虫记》出版了，清华附小的老校友杨振宁先生听了他的故事特别激动，还专门给他签名以示鼓励。

"水木秀场"是清华附小学生展现个性和才能的舞台。学生可自主申请、自主设计展示内容和形式，制作海报和邀请函，不同年级学生均可在周三中午去观赏。自2013年至今，学校已经举办了157期"水木秀场"。"水木秀场"还隐含着评价的意义。举办"水木秀场"的经历，会被视为对个人成长有着高影响力的"关键事件"而记录下来。

指向立德树人和未来发展可能性的成志教育怎么进行学生评价？传统的"分数＋评语"显然不科学。清华附小通过"过程数据＋关键事件＋榜样引领"，勾勒出每名学生小学6年的成长图谱。

每学期每位学生可以拿到一份《品格发展综合分析报告》，二至六年级学生还会得到量身定制的语数英三科的《学业水平分析报告》，报告的相关数据来源于学业策略和问卷调查。前者从行为习惯、学习动机、意志品质等方面，后者从知识与技能、学科思想方法等方面，全面地对学生综合素养作出评价，并为学生的学习和学校的教学改进提供依据。

通过线上线下相结合的方式，学校跟踪积累了大量学生成长数据，结合第三方权威测评，分别在小学低中高学段形成《成志少年启程成长报告书》《成志少年知行成长报告书》《成志少年6年成长报告》，让评价过程变成育人过程。

除了"水木秀场"、水木电台 TV 秀等，这些"关键事件"还包括全校性的重大主题实践活动，如培养家国情怀的《开学第一课》、凸显成志修远的《毕业最后一课》以及各种有特色的主题实践活动和发生在学生个体身上的有意义的事。

经过6年的数据与资料积累，去年下半年，由第三方机构出具的《2011级成志少年6年成长报告》，完整地勾勒出2011级学生6年的成长图谱，也较为系统地展现了清华附小构建立德树人整体育人模式的改革及其成果。在北京市海淀区学业发展水平及非智力因素监测中，该校学生的学业质量及非学业品质各项指标得分率全部显著高于区级常模，且高出的百分点呈增长趋势。清华大学原副校长、清华大学教育研究院原院长谢维和认为，清华附小成志教育聚焦人的完整发展，发挥出基础教育的"顶灯效应"，找准了小学教育的规律和基本功能。北京师范大学石中英、檀传宝等知名专家认为，成志教育抓住了教育的本质，立足学校场景，找到了立德树人的实施方式和实践路径。

（原载于《中国教育报》2018年4月12日第1版头条）

采访后记：

清华附小是一所百年老校，从当年的"成志学校"走来，到2022年已经107岁了；清华附小又是一所名校，他们探索出的"1+X"课程体系产生很大影响，全国各地前来学习考察的络绎不绝。2014年清华附小窦桂梅校长领衔的"小学语文主题教学实践研究"获得首届基础教育国家级教学成果奖一等奖，2018年清华附小"成志教育：小学立德树人的校本实践"获得第二届基础教育国家级教学成果奖一等奖。一所小学连续获得两次基础教育国家级教学成果一等奖，这份荣誉在全国中小学中是独一份的。

对许多人来说，清华附小多少带有一点神秘色彩。我经常参与清华附小举办的各种教学研讨活动，包括一些内部的研讨，对学校的了解算是比较多的。清华附小给我的直观感受是，这是一所有理想有追求的学校，有一位有理想有追求的校长和一群有理想有追求的教师。为了心中的理想和追求，他们甘愿付出更多；为了心中的理想和追求，他们勤于研究、勇于实践。清华附小的两个一等奖，是地地道道的"研究成果"和"实践成果"。

我们要向清华附小学什么？可学习的地方很多，但我觉得最应该学习他们认真研究的态度。启程、知行、修远三进阶的育人目标以及"1+X"课程体系、主题课程群建设、特色评价改革，这些改革需要学校进行顶层设计，更需要每个教师亲身参与、身体力行，才能让学校的课程教学改革落到课堂上，惠及每个学生。清华附小的每个教师，都能把学校倡导的教育理念，比如让儿童站在学校正中央、工具撬动课堂变革等，自觉落实到自己的课堂教学中。

作为一名教师，还应该有一份教育情怀或曰责任感。这种情怀或责任感，具体到不同的学校和不同的教师身上，表现可能不同。对于清华附小这样的学校，就应该有引领中国基础教育改革风向舍我其谁的气魄，有为党育人、为国育才的思想高度。在写作的时候，我想了好久，最后定下"养浩然正气，育君子之风"这个主标题。有人称赞这个标题大气，是的，只有大气的教育，才能催人成志；只有大气的教育，才能培养出既有家国情怀又有国际视野的未来领军人才。

第二辑

学生发展与核心素养

引言

在工业生产或商业服务领域，人们经常讲到要坚持客户需求导向——更好地满足客户的需求，改善客户体验。作为教师，也要有"客户"意识，学生就是教师的"客户"，学生的需求就是教师应努力的方向，这与教育的人才培养方向是一致的。

中国学生发展核心素养体系出台，给教师的教学指引了方向，那就是应该围绕学生发展核心素养这个总目标以及各学科的学科核心素养这个具体抓手来设计教学目标及内容。如何理解学生发展核心素养并将其分解落实到课堂教学中？新时代应该着力培养学生哪些方面的能力和素养？人工智能、大数据、移动互联网等新技术对于课堂教学和学生成长有什么影响？如何处理好培育学生核心素养与基础知识学习的关系？这些问题关乎课堂教学的立意，是教师成长的必修课。教师有了这样的自觉意识，课堂教学才会既有高度而又切合实际，既有鲜明的时代特色又能避免成为虚无缥缈的空中楼阁。

人工智能时代需要培养学生怎样的能力

"未来人工智能环境下的课堂,可能是'双师型'的课堂,人机交互、人机结合将成为主要形态。一堂课可能由一名教师和一个机器人共同来上,布置和批改作业、知识点训练、监督学习、学习情况的分析等工作可能由机器人来完成。"在第四届全国数据驱动教育改进专题研讨会上,北京师范大学中国教育创新研究院院长刘坚这样描述人工智能时代的课堂。

一、人工智能不能代替学习

面对席卷而来、被称为人类"第二次零点革命"的人工智能浪潮,互联网时代的教育界,也不那么淡定了。人工智能不是信息化的延续,技术对教育的影响,正在由革新发展为革命。中关村学院学术委员会原负责人吕文清认为,高级阶段的人工智能具有类人脑的学习力和思考力,将来还能进化到自适应学习,在这个意义上,人工智能拓展了人的思维。人工智能改变的,不仅是教育的边界和方式,整个教育样态也将面临重塑。

但科大讯飞教育研究院院长孙曙辉等专家认为,人工智能不能代替人的思维,不能代替学习,技术也改变不了教育的本质。在当前热炒人工智能概念的大背景下,一定要认清技术与教育的关系,搞清楚哪些是教育本身的问题,哪些是技术可以解决的问题。

二、高阶认知能力的重要性将更加凸显

在人工智能时代，学生应该具备怎样的能力，才能适应社会需求，在竞争中立于不败之地？

教育部时任副部长杜占元曾在 2017 年 12 月召开的"2017 未来教育大会"上提出，在机器能够思考的时代，教育应着重培养学生的五种能力，即自主学习的能力、提出问题的能力、人际交往的能力、创新思维的能力及筹划未来的能力。

教育部科技发展中心原主任李志民认为，今天我们说知识就是力量，讲的是如何学习、记忆和掌握更多的知识，强调知识的系统性，而在人工智能时代，知识是开放的，随时随地可查找、可检索，因此，记忆知识以及知识的系统性不再像今天这样重要了，学生更需要学习如何从已有的知识中挖掘出新应用、新知识，通过已有知识学习新知识，与之对应的知识结构或学习过程就是思维的训练。

在人工智能时代，与低阶认知相关的技能的重要性会下降，如记忆、复述、再现等初级信息加工任务将更多地被机器代替，而高阶认知能力的重要性会更加凸显，如识别问题、逻辑推理、意义建构、精致思考、自我指导能力等。

吕文清认为，人工智能时代应重点培养学生的终身学习素养、计算思维素养、设计思维素养和交互思维素养这四种素养，具体而言：终身学习素养，主要基于人工智能时代需要更强大和持续的学习力，强调学会学习和建构不断演进的知识框架；计算思维素养，主要基于学习和理解人工智能，强化思考的逻辑和精致，比如现在很火的编程课程，主要是培养计算思维；设计思维素养，主要基于人工智能时代学生执行困难任务，需要关注项目设计、任务设计和路径设计等高层次管理，重点引导学生学会选择、学会决策、学会判断；交互思维素养，主要基于人工智能时代学生交

往方式的变化，需要重视高级信息素养、媒体素养、沟通交流和技术伦理，重点引导学生学会开源共享、参与协商、组建社区等，理解复杂的相互关系。

人工智能时代还应着重培养学生五种能力——高阶认知能力、创新能力、联结能力、意义建构能力和元认知能力。具体而言：高阶认知能力，强调独立思考、逻辑推理、信息加工等；创新能力，强调好奇心、想象力和创新思维、创新人格等；联结能力，强调学会统筹、组织资源、建立联系，特别是包括人工智能在内的多个空间的联结；意义建构能力，强调社会情感、责任意识和高感性、高概念等要素；元认知能力，强调学习自我认知、自我监控和自我指导。

其实，没有什么能力是贴有人工智能时代专属标签的。随着时代的发展，人类已有的知识和经验变得不重要，而培养学生的综合素质、高阶思维、创新能力等，这些要求无论在哪个时代都是需要的、共通的、不会过时的。

三、未来的学习将更加个性化

未来的学习，在哪儿学、跟谁学、怎么学？原有的概念可能都会被颠覆。教育又该如何作出调整，以适应新的时代要求？人工智能时代对学生的学习目标、学习内容、能力层级甚至心智模式，都提出了新的要求。在教学上，人工智能时代要以"思维教学"为主线，既强调基于认知能力的信息加工、分析综合、逻辑推理等高阶思维的培养，还要增加和突出计算思维、设计思维和交互思维的培养。具体落点上，要强调概念性知识、方法性知识和价值性知识的教学，要注重教原理、教统筹、教大观点、教元认知等不可替代的知识，也就是走向高阶认知和高阶学习。

人工智能对于当前的教育，不只是颠覆和冲击，也会带来促进和改良。人工智能时代的教育管理，无论是宏观层面还是微观层面，都更容易做到精细化，对教师的评价会更加全面而科学；可以根据每个学生的智力程度和思维习惯以及学习方式进行教学，实现真正的个性化学习和因材施教。

目前许多中小学已开设编程、3D打印技术等与人工智能相关的课程，学生学习兴趣特别浓厚。一些学校还以社团和选修课的形式推进机器人、智能汽车、计算机编程等课程的开设与完善，提升学生信息化素养，促进学科知识融合。

人工智能时代，学生获得知识及能力素养的提升途径无疑会更多元，其中互联网发挥的作用会更大。而人工智能的应用，会让教师从机械重复的工作中解放出来，去做更有价值的工作。孙曙辉认为，在中小学开设编程等人工智能相关课程，有助于训练学生的思维方式，但主要意义在于普及相关科学知识，并不能帮助学生"赢在起跑线上"。目前，很多所谓人工智能的应用，包括一些针对职业人群的人工智能培训，都是炒作概念的"伪人工智能"，人工智能在短期内尚难发展到较为高级的阶段。当前市场上已经出现针对中小学生的打着"人工智能"旗号的相关培训班，家长完全没必要怕"掉队"，保持清醒的头脑，不盲目跟风至关重要。

（原载于光明日报社《教育家》2018年第6期）

课堂教学改革的"原点"与"支点"

近年来中小学课堂教学改革向纵深推进,取得了可喜的进展:学生站到课堂中央,教师的角色身份发生变化,"教为中心"向"学为中心"的转变正在悄然发生。

但是,面对如火如荼的课堂教学改革,也有一些教师感叹跟不上趟:各种新名词和新概念层出不穷,各种课堂教学新模式和新主张粉墨登场,让人应接不暇。许多学校在推行翻转课堂、学科融合、分层教学、小组合作学习、项目式学习等课堂教学改革时,并未真正把握其精髓,只是生搬硬套、盲目跟风和赶时髦,实际操作中形式主义严重。正因如此,国家督学、原江苏省教科所所长成尚荣先生多次呼吁:课堂教学改革要回到"原点"!

课堂教学的"原点"是什么?站在不同角度有不同的理解。笔者以为,回到课堂教学的"原点"就是回归教育的本质、本义,就是以人为本、遵循教育教学基本规律和儿童身心发展规律,这是教学改革超越时代的逻辑起点。一切教学改革,倘若"目中无人",违背了基本的教育教学规律和儿童身心发展规律,不管课堂气氛多么热烈、互动多么活跃、形式多么丰富多彩,都不会是好的课堂,也不会真正有利于学生的成长。偏离了"原点"的教学改革,走得越远误人子弟越深。

中小学课堂教学改革,除了回到"原点",还应找准"支点"。何为"支点"?《现代汉语词典》的解释是:杠杆上起支撑作用、绕着转动的固定点，引申指事物的中心或关键。当下，每门学科课堂教学的中心任务是围绕立德树人目标，将学科核心素养的培养要求落到实处。这是课堂教学改革的核心旨归，亦是课堂教学改革的"支点"，离开这一"支点"，教学改革将陷入无处着力的窘境。

新修订的《普通高中课程标准》（2017年版）提出了高中各学科的学科核心素养，正在紧锣密鼓修订的义务教育课程标准，亦将提出义务教育阶段各学科的学科核心素养。2016年发布的《中国学生发展核心素养》将党的教育方针关于学生德智体美劳全面发展的总体要求具体化了，各学科根据学科特点，结合学生实际，凝练提出反映学科本质的学科核心素养，是学生发展核心素养在课堂教学中的分解和落实，也是确定课程目标、遴选教学内容、设计教学活动的主要依据。

当前，我们迫切需要以学科核心素养为支点，撬动和引导中小学课堂教学改革向三个方向发展。

一是将价值导向融入课堂教学。培养学生"必备品格"，要求教师在课堂教学中树立学科育人的理念，找到学科知识与社会主义核心价值观、中华优秀传统文化、革命文化和社会主义先进文化的结合点，培养学生的爱国主义精神以及法治意识、责任担当意识、国家主权意识、生态文明意识以及科学精神、技术伦理等，让学生形成正确的人生观、价值观、世界观。这是各学科核心素养的共性要求。缺乏价值导向引领的课堂教学无法"铸魂"，也难以"育人"。

二是从知识点走向学科思想方法。仅着眼于知识点的教学，易导致碎片化，不利于培养学生的整体视野，不利于学生思维的发展与提升。只有了解学科的发展史，掌握本学科独特的思想方法，提升思维品质，让知识结构化，才能让学生从得"鱼"上升到得"渔"。

三是让自主探究学习落到实处。知识可以传授，素养则更多依靠习得与养成。以培养核心素养为目标的新课程新教材强调实践性、活动性设计，只有让学生动手动脑、具身参与、自主探究，学习才会真正发生，学生才能在此过程中掌握"知识与技能"，领会"过程与方法"，升华"情感态度与价值观"。

（原载于《中小学教材教学》2021年第3期"卷首语"）

提升学生能力与素养要处理好三个关系

2001年6月8日,教育部印发《基础教育课程改革纲要(试行)》,新一轮基础教育课程改革拉开序幕,这就是大家口中常说的"新课改"。

新课改促使中小学课程教学由"教为中心"向"学为中心"转变,在培养目标上从"知识立意"走向"能力立意",进而走向"素养立意"。特别是在中国学生发展核心素养体系提出后,以素养发展为导向的教育理念对教师的思想观念和教学行为产生了深刻的影响,带来一系列积极变化,如学生在课堂上的主体地位得到尊重,更加注重培养学生的高阶思维能力、综合解决实际问题的能力,更多采用启发式、互动式教学,等等。这些改革都是值得肯定和提倡的。

但是在课改的过程中,也有一些教师对于如何培养学生的能力和素养缺乏科学的认识,他们采取的一些片面、急功近利的做法,反而使得育人功能弱化、教学效果不彰、学业成绩下滑,对学生的成长产生不利影响。

笔者以为,做好素养立意下的教学和育人工作,必须认清和处理好以下三个关系。

一、不能把提升素养与学习基础知识对立起来

中国学生发展核心素养体系及学科核心素养概念提出来后,教师的话语体系发生了很大改变,这说明以素养发展为导向的教学理念正逐步深入

人心。但是一些教师却因此而忽视基础知识的教学，在课堂上讲起基础知识来心里有些发虚，不知道该不该这样讲，似乎不谈核心素养、高阶思维、创新能力发展，课堂就不够"高大上"。特别是在一些研讨课、展示课上，多数执教者会花较多时间去思考和设计如何提升这堂课的立意和"站位"、如何增强课堂的综合性和互动性、如何激发学生的创新思维，为了把有限的时间"花在刀刃上"，对于应讲的基础知识，他们往往只是简单带过，或者把相关任务留到课后。

正如舞台戏剧基于生活而又高于生活一样，研讨课、展示课基于日常课堂又在此基础上进行了提炼与升华。站在执教者的角度看，采取这样的课堂设计和教学方式是可以理解的，确实，这样讲更能体现执教者的水平，更能把带有创新性、引领性的东西展示出来，供大家交流研讨。但是我们一定要认识到，研讨课毕竟不同于日常教学，重视能力和素养发展不等于不要基础知识，知识根基不牢，素养和能力发展也就成了空中楼阁。

正如华东师大课程与教学研究所名誉所长钟启泉教授所指出，从"双基"到"三维目标"再到"核心素养"，后者不是对前者的简单否定，而是对前者的一种扬弃与超越，三者都是整个学力模型的有机组成部分。核心素养论注重高阶思维能力与非认知能力的培养，也应注重基础知识的掌握。

课堂教学改革与考试评价改革强调能力为重和素养导向，方向是非常正确的，但是这并不意味着知识不重要、基于知识的教学不重要。知识是能力的基础，系统的学科知识是提升学科核心素养的载体，对于学生的全面发展、长远发展起着奠基性的作用。学习知识与培养能力、培养创新性思维并不矛盾，我们不能把二者对立起来。所有创新都是在原有的知识基础上产生的，正如美国认知心理学家斯滕伯格所说："我们不可能对一无所知的事物产生新异观念。"

没有基础知识打底，素养发展就成了无本之木、无源之水。当然，知识的学习并不是死记硬背知识点，而是要让学生学会迁移应用、举一反三。布卢姆教育目标分类学将知识分为事实性知识、概念性知识、程序性知识和元认知知识四类，应试教育下的传统教学过于重视事实性知识而忽视了后三种知识，而实际上，后三种知识才是结构化的知识，是更有利于形成能力与学科核心素养的知识。

二、不能拔苗助长，要以平常心态静待瓜熟蒂落

任何事物的形成与发展都有一个过程，这个过程长短不一且受客观规律的支配，违背了客观规律就可能出问题，比如一项建筑工程，正常的工期是半年，如果人为缩短成三个月，就可能造成质量隐患。提升学生的能力与素养同样需要时间和过程，这是由人的认知发展规律决定的。

俗话说，一口吃不成一个胖子，拔苗助长往往适得其反。但在现实生活中，急于求成、拔苗助长的现象并不少见，"幼儿园小学化"倾向就是典型表现之一。有的孩子在幼儿园就会进行基本的读、写、算，这让许多家长在孩子"幼升小"时倍感焦虑，怕自己的孩子"输在起跑线上"。但是到了二三年级，家长们的焦虑感就没那么强了，很多人发现，不管是起跑早的还是起跑晚的，大家都差不多，看不出明显区别了，甚至起跑晚的孩子已经反超了。为什么？因为当孩子的认知能力还没有发展到那一步时，学习的知识只是暂时的储存和简单应用，未能有效转化为能力与素养，而随着年龄的增长和认知能力发展到一定阶段，具备某项能力就成为很简单的事情了，早期的差距只要稍作努力就能补上了，甚至有些能力和素养可以做到无师自通、不学自通。

当前小学的一些学科培训亦是如此，很多内容属于超前学习，比如一些小学数学的培训班，已经涉及高中比较复杂的排列组合公式、几何定理和函数知识。小学生的学习以具体的形象思维为主，到高年段开始慢慢向

抽象的逻辑思维过渡，这个时候让他们学习抽象概念和对逻辑思维要求比较高的知识，实则违背了学习的认知规律。对大多数学生而言，可能当时"听懂了"（未必真正理解了），但也只会机械地按照培训老师总结的套路去解题，稍作变动，或是过上一段时间就又不会了。这样的学习对于能力与素养的提升不但没有帮助，反而可能造成"夹生饭"，给后续的学校课堂学习带来不利影响。

当前国家出台的"双减"政策对于落实国家教育方针、引导树立正确的素养发展观具有重要意义，给各种强化培训、超前培训等"增肥""催熟"行为泼了一瓢冷水，对此我深表赞同。"增肥"带来的只是虚胖，"催熟"的瓜果看起来诱人，吃起来味道终究还是不一样。能力与素养的形成需要时间来发酵与沉淀，提升学生的能力与素养要按规律办事，欲速则不达。我们应学会做时间的朋友，以平常心态，静待瓜熟蒂落、水到渠成。

三、教学方式选择要考虑效果与效率的平衡

以素养为导向的教育理念带来教学方式的深刻变革，建构主义教学理论得到重视与推广应用。建构主义教学理论强调以学生为中心，重视学生对知识的主动探索、主动发现以及对所学知识意义的主动建构。教师是意义建构的帮助者、促进者，教师通过各种教学方式，创设符合教学内容要求的情境，启发引导学生去发现问题、解决问题，激发学生的学习兴趣，帮助学生形成学习动机，帮助与促进学生建构意义。

以建构主义教学理论为基础，项目式学习、小组合作学习、综合性学习、自主探究性学习、深度学习等多种学习方式，以及基于大概念的大单元教学、全科教学、主题教学、翻转教学等教学方式方兴未艾，推动课程及教学改革向纵深发展。这些变化是积极的、可喜的，应该继续大力推进。但是，正如提升学生能力与素养不可忽视基础知识的学习一样，我们

在大力推行这些新型学习方式、教学方式的同时，不能否定传统的基于单学科的、侧重知识传授的教学方式的存在价值，不能完全抛弃传统的教学方式。

为什么这样说？

其一，传统的教学方式亦有其优势。传统的教学方式注重间接经验和系统知识，而以建构主义理论为基础的新教学方式更注重学生的直接经验，强调探究知识的产生过程、发现知识的价值和意义。北京开放大学校长褚宏启教授认为，应充分认识到学生直接经验的局限性，在教学中，并非所有的系统知识都可还原为直接经验。系统知识的存在形式是逻辑的，其根本特点是具有很强的概括力和包容性，有些系统知识所反映的内容根本不可能还原为儿童的直接经验，有些即使能还原，在数量上和程度上也是有限的。因此，不能过分夸大活动教学、项目探究等教学方式的价值。

以综合课程为基础的综合性学习（STEM即为综合课程的一类）对于激发学生的创造性、培养学生综合应用知识解决实际问题的能力具有明显优势。清华大学附属中学在开设综合课程方面积累了非常成功的经验，但该校校长王殿军一再强调，综合课程的学习不能取代单科课程学习。他认为，综合课程不太讲究知识的体系化，无法对涉及的各学科知识在逻辑上进行结构化。在开设综合课程的同时，一定不能忽视单学科的学习，否则各学科的知识体系会变得支离破碎，反过来会对综合能力的建构产生极大危害。在培养人的能力方面，单学科课程和综合课程的学习各有其独特的价值，二者互为补充而无法彼此取代。

其二，要考虑效果与效率的平衡。知识可以传授，能力和素养更多需要从实践与具身体验中习得，因此，基于学生直接经验的实践教学和活动教学，基于情境和问题探究的项目式学习、小组合作式学习，毫无疑问会更有利于培养学生的能力与素养，但是一线教师们都清楚，要将前人总结凝练出的间接经验形态的知识还原为直接经验，并让学生在实践探究的过程中去发现、感悟、习得、建构，花费的时间比传统课堂讲授的方式要多得多。在整个中小学阶段，有那么多学科、那么多知识需要学习，如果都采用实践的、互动的、项目探究的教学方式，很可能无法完成教学任务。相比之下，传统的以教师讲授为主的教学方式效果可能不太理想，大班额的情况下也难以实现个性化教学，但好处是效率比较高。在时间有限这一刚性条件约束下，我们不得不在"效果"（理想状态）与"效率"（现实制约）间求得平衡。为什么中学特别是高中学校推行教学改革的积极性不如小学，课堂教学更偏重于传统讲授？考试压力和时间限制都是重要的客观原因。

（原载于《中国教育报》2021年9月3日第5版"主编漫笔"栏目）

当课改遇上"双减"

2021年下半年，有两个关键词一直在我脑海中萦绕：一个是"课改"，另一个是"双减"。

2001年6月，教育部印发《基础教育课程改革纲要（试行）》（以下简称《纲要》），这是新中国成立以来的第八次基础教育课程改革，弹指一挥间已经整整20年。毋庸置疑，课程改革20年取得了一系列辉煌成就，也存在一些缺憾，更有许多有待进一步解决的问题。回顾总结20年来课改的经验与教训，明确未来发展方向，无疑具有十分重要的意义。

2021年7月，中共中央办公厅、国务院办公厅印发《关于进一步减轻义务教育阶段学生作业负担和校外培训负担的意见》，一场以减轻学生作业负担和校外培训负担为核心的教育变革拉开序幕（以下简称"双减"）。尽管新中国成立以来已多次出台有关"减负"的文件，但这份文件，注定会因其站位之高、力度之大、影响之深远而载入教育史册。当下，我们该如何理解"双减"的政策立意？各地方、各学校该如何落实？社会各界开展了深入的分析、探讨，各地教育行政部门和学校正在积极进行实践探索。

两项具有历史性意义的教育改革，跨越20年时空，交汇在一起。站在课改角度看"双减"，站在"双减"角度看课改，各有何意蕴？这是一个值得深入思考的问题。

一、课改与"双减"的关系辨析

笔者认为,理解课改与"双减"的关系,应建立在三个基本认识基础之上。

(一)课改与"双减"有着共同的目标指向

这一共同目标指向就是全面贯彻党的教育方针、落实立德树人根本任务,努力培养担当民族复兴大任的时代新人,这一共同的目标指向决定了课改和"双减"是同向同行的,任何以推进课改的名义抵制"双减"或以"双减"为名消极对待课改的观念或行为都是错误的,从逻辑上是讲不通的。

(二)课改为落实"双减"提供了坚实的基础

"双减"要求强化学校教育主阵地作用,提高学校全面育人的水平,让学生的学习回归校园。"双减"要取得实效,关键是要做到"双提"——提高课堂教学质量、提高课后服务质量,满足学生多样化的学习需求。中小学及教师能否担此重任?20年的课程改革、教学改革,使素质教育理念获得广泛认同,学校课程体系逐步完善和丰富,课程教学从"填鸭式""满堂灌"走向互动式教学、启发式教学,学生的主体地位得以彰显,一批教师经过课改的摸爬滚打,育人意识增强,综合素质大大提升……可以说,正是20年基础教育课程及教学改革积累的经验、取得的成果、带来的改变,为消化"双减"带来的震荡、提高课堂教学质量和育人水平提供了根本保障。

(三)"双减"成为进一步推进课改的新背景

当下的课改仍然在路上,仍处于"进行时"状态。下一步课改将向何处去?《中国学生发展核心素养》的发布,以及以学科核心素养为旨归的新课标、新教材、新中考和高考改革,使课改进入了一个新的发展阶段，也即从知识本位走向能力和素养本位。学生发展核心素养和学科核心素养，成为牵引课程教学改革的内生动力。而"双减"政策，则成为进一步推动课程教学改革的新背景，为其提供外在推力。"双减"不是一时之策，必将带来牵动基础教育全局的深刻变革。下一步的课改，应基于"双减"背景，服务"双减"目标，使学校成为高质量育人主体。从这个意义上讲，"双减"为课改的深入推进指引了方向。

二、找准"双减"背景下课改发力点

课改与"双减"是互相促进的，"双减"提出的一系列要求，恰恰也是课程教学改革需要攻克的难点。笔者认为，下一步的课改，应明晰重点，有针对性地在四个方面重点突破，为落实"双减"助力。

（一）更加注重因材施教，满足学生个性化学习需求

"双减"实施前，对多数学生而言，学校教育只是其学习的一部分，另一部分则是在校外培训机构完成的。长期以来，较大的班额、统一的教学内容及整齐划一的教学安排，使得多数学校在满足学生个性化学习需求方面心有余而力不足。减轻校外培训负担、规范治理校外培训机构，让一部分原来由校外培训机构承担的个性化学习需求转由学校完成，这对学校而言是一个很大的挑战。因此，"双减"背景下推进课改，应把因材施教、满足学生个性化学习需求作为一个重要课题来研究。

笔者认为，有三点很重要：首先，要真正做到"零起点教学"。过去常有家长抱怨，一些教师在课堂上部分内容不讲，或者一带而过，理由是班上大多数孩子已经在课外班上学过了。"双减"之后，这种本就不合理的做法应该彻底杜绝，课堂教学必须面向全体学生、应教尽教，因为有些学生提前学过了就不讲，这不仅有违公平原则，也会人为制造焦虑。

其次，要积极推进分层、分类教学。相同的内容，有的学生觉得简单，有的学生跟不上，有的学生觉得老师讲快了，有的觉得老师讲慢了，怎么办？有条件的学校应按学生不同水平实施分层教学，学生不同的兴趣爱好则可通过分类走班来满足（如清华附小的"1+X"课程体系）。"选课走班"是与高考综合改革相适应、相配套的举措，目前全国已有21个省份进入新高考改革，近一两年还将有更多省份加入。各学校应借力新高考改革、中考改革，积极探索分层、分类教学，增加学生的选择性，为他们提供适合的教育。

再次，要优化作业设计，减少机械、重复的无效作业，根据学生的不同学业水平分层布置作业，体现作业的弹性，更多布置个性化作业，让不同层次的学生都体会到"跳一跳就能够得着"的目标牵引，让作业不仅发挥巩固知识的作用，更发挥好查漏补缺、发现盲点、激发创新思维的功能，为教师改进教学提供参考依据。

（二）更加注重学科育人，充分发挥课堂主阵地作用

学校教育的根本任务是立德树人。过去因为校外培训机构与学校争抢孩子的时间，制造情绪恐慌，传播急功近利的应试教育思想，对学校育人功能的发挥造成极大干扰。"双减"让学生回归校园，把时间还给学生，为学校发挥育人功能创造了更好的条件。学校除了加强环境育人、文化育人、活动育人等，更要充分发挥好课堂教学这个主阵地的育人功能，这也是"双减"背景下深入推进课程教学改革应该加强理论研究和实践探索的重要问题。

发挥课堂教学育人功能，要求教师树立学科育人意识、提升学科育人能力。2019年3月18日，在学校思想政治理论课教师座谈会上，习近平总书记指出："要坚持显性教育和隐性教育相统一，挖掘其他课程和教学方式中蕴含的思想政治教育资源，实现全员全程全方位育人。"所谓"其他课程"，指的就是思想政治理论课（义务教育阶段为"道德与法治"课程）之外的学科课程。这实际上就是要求各学科教师树立课程思政理念，

找到学科知识点与思想教育之间的内在关联，把教书（知识传授）与育人（思想教育）有机结合起来。

联合国教科文组织日前发布的报告《共同重新构想我们的未来：一种新的教育社会契约》指出："教学法应围绕合作、协作和团结的原则进行组织。它应促进学生同理心和同情心的养成，从而通力合作改造世界。它还应教会学生拒绝偏向、偏见和分裂等。""课程应强调生态、跨文化和跨学科学习……它必须包含对人类生态的理解，重新平衡地球作为生活的星球和独特的家园与人类之间的关系。它应该通过科学、数字和人文素养来培养学生辨别真伪的能力，以应对错误信息的传播。"这个报告强调的若干方面，是学科育人应有之义，也是今后中小学课程教学应补足、加强的内容。

（三）更加注重情境教学，增强知识与生活的联结

课改强调从"教为中心"向"学为中心"转变，强调实际教学，强调增强知识与生活的联结，提高综合应用知识解决实际问题的能力，但是以刷题为主要手段、以提分为主要目标的校外培训，以及大量重复机械的作业训练，与新课改的理念背道而驰，成为推进课改的阻力。

"双减"让学生的学习回归课堂主阵地，包括对考试评价、招生改革作出的一系列新规定，一定程度上为教学方式变革扫除了障碍，消解了压力。学校更应该抓住有利时机，加速推进课程教学改革，打破学科知识边界，更多采取整合、融合的教学策略；更加重视情境化教学，重视小组合作、项目探究等学习方式的运用，增强书本知识与学生生活、社会时事的联结，促使教学加快从"知识立意"向"素养立意"的转变，从而提升课堂教学效率与质量。

体育、艺术类课程及劳动课程，具有实践性强、与现实生活联系密切的特点，在拓展学生素质、综合育人方面具有重要价值，但是过去由于种种原因，在一些学校未得到应有重视。学校在进一步推进课改过程中，应

加强校本课程的开发，提供丰富多彩的课程供给，利用好课后服务时间，补齐体育、美育和劳动教育的短板。

（四）更加注重为教师赋能，提升教师综合素养

无论推动课改还是实施"双减"，最终都要靠教师去落实。正如教育部原副部长、教育部基础教育教学指导委员会主任王湛所说："课程改革的进程，既是广大基础教育工作者学习、领会、践行素质教育思想的过程，也是他们更新教育理念的过程。他们经受了一次教育思想的洗礼，其教育观念、教学行为和教学话语都发生了深刻的变化。"

当课改向纵深推进时，需要的不仅仅是观念的变革，更是能力的提升，上面提到"双减"背景下应重点推进的种种变革，都对应地对教师的能力提出了更高的要求：课程开发能力、因材施教能力、学科育人能力、整合教学能力、信息技术应用能力……所有这些能力的获得，离不开教师自身的学习和体悟，也需要学校和教研机构为其赋能。

北京市海淀区教师进修学校校长罗滨认为，学校和教研机构应通过发挥教研组织（包括校本教研）活力、开展项目研究、倡导同伴互助、不同学校地区间经验链接转化、成果提炼等五种策略为教师赋能，帮助教师更新观念、拓宽视野、完善知识结构、提高自身综合素养，以创新思维解决各种新难题。

特别需要强调的是，对教师还应多一份人文关怀。"双减"带来教师工作量增加、工作时间延长，导致一些教师的备课和学科教研时间被压缩，个人家庭生活也受到影响，心理压力大。如何通过资源整合利用、优化教学流程、增强制度设计的弹性等方式减轻教师工作负担和心理压力，如何通过政策导向激发教师的积极性和创造性，同样是需要认真研究的课题。

（原载于《中国教育报》2021年11月26日第5版"主编漫笔"栏目）

"双减"如何与中高考改革相向而行

"双减"政策出台后，社会各界从不同层面、不同角度进行了解读、分析与研讨，实践层面的改革探索亦同步拉开。如何处理好"双减"与考试评价改革的关系，使二者相向而行、相得益彰，是其中一个非常现实又极为重要的问题。

一、"双减"与中高考改革的影响是双向的

中共中央办公厅、国务院办公厅印发《关于进一步减轻义务教育阶段学生作业负担和校外培训负担的意见》（以下简称《意见》），文件名称就直接点明了适用范围：义务教育阶段。那么，"双减"与高中教育和高考改革有关系吗？笔者认为，不仅有关系，而且关系还很密切。因为不管"双减"还是高考改革，都不是某一个横切面的改革，而是上下贯通、左右关联的系统工程。一方面，"双减"的落地施行，将极大地改变小学、初中的教育生态，从而向上传导到高中阶段，影响高考改革的进程与成效；另一方面，新高考"一核四层四翼"的改革理念，必然向下传导到义务教育阶段，对义务教育阶段的课程教学改革产生重要影响。正因如此，我们在探讨"双减"考试评价改革的问题时，不能只谈中考而忽略高考。

"双减"与中高考改革之间的作用和影响是双向的、交互的。

一方面，考试评价是指挥棒，亦是推进课程教学改革的"最后一公

里"。落实"双减",必须对考试评价和招生制度进行改革,确立科学导向,缓解家长的紧张与焦虑。为此,"双减"《意见》第 16 条专门提出:"深化高中招生改革。各地要积极完善基于初中学业水平考试成绩、结合综合素质评价的高中阶段学校招生录取模式,依据不同科目特点,完善考试方式和成绩呈现方式……"

另一方面,中考、高考改革要发挥出积极的、正面的导向作用,需要"招—考—教—学"全流程各环节无缝衔接、良性互动。而在过去家长和学校被校外培训机构裹挟和应试教育强大的惯性下,中考、高考的改革导向容易被扭曲、被消解。可以说,"双减"让学校回归育人主导地位,有利于改变片面重视智育、单纯追求分数的教育生态,为中考和高考改革的顺利推进创造良好的条件。

由此可见,"双减"和中高考改革在政策立意和目标上是一致的。"双减"从减轻学生过重的作业负担和课外培训负担、提高学校育人水平和课堂教学质量着手,中高考改革从变革考试命题和招生制度、发挥科学引导作用出发,二者向着促进学生全面发展、落实立德树人根本任务这样一个共同目标靠近。二者是相互支持、"相向而行"的。

二、"双减"与中高考协同下的课程教学变革

表面看来,落实"双减"其中"一减"——减轻校外培训负担,主要靠政府相关管理部门强力推进规范治理得以实现,学校的主要任务则是落实另"一减"——减轻学生作业负担,但是实际上事情远非那么简单。落实"双减"的关键是提高学校育人水平,提高课堂教学质量和课后服务质量,事关中小学课程教学乃至整个教育体系的深刻变革。如何做才能既有助于"双减"高质量落实,又顺应新高考、新中考改革方向呢?

笔者认为,应把握好三个方面。

（一）围绕"四层"对课程内容进行重构

"双减"背景下，要实现五育并举，促进学生全面发展，把时间还给学生，以前那种加班加点补课、挤占学生休息时间和素质拓展活动时间的做法行不通了，把知识点掰碎了讲、面面俱到满堂灌的教学方式也该改变了。要在有限的时间里提质增效，教师必须对课堂教学内容进行梳理和重构。重构的依据是什么？不妨借鉴一下《中国高考评价体系》。它将高考考查内容概况为"四层"，即核心价值、学科素养、关键能力、必备知识，并对指标体系进行了细致的说明。这"四层"既是高考考查内容，也是应考查的素质教育目标；不仅是高中教育的核心任务，也是义务教育课程教学改革的方向。"双减"背景下的课堂教学内容重构，也应该以"四层"为核心和主线，突出重点，抓住关键，只有这样才能避免走弯路、少做无用功。

（二）作业设计与中高考命题改革"同向同行"

现在各学校围绕压减作业总量、提高作业设计质量进行了许多创新探索。如何优化作业设计？笔者建议多参考一下中高考命题改革的思路，做到二者"同向同行"。

对于中高考命题改革的方向，多份政策文件中都有相关表述。中共中央、国务院印发的《深化新时代教育评价改革总体方案》第20条提出："稳步推进中高考改革，构建引导学生德智体美劳全面发展的考试内容体系，改变相对固化的试题形式，增强试题开放性，减少死记硬背和'机械刷题'现象。""双减"《意见》第16条提出，要"进一步提升中考命题质量，防止偏题、怪题、超过课程标准的难题"。

事实上，2019年教育部《关于加强初中学业水平考试命题工作的意见》就对中考命题提出了具体要求，强调："试题命制既要注重考查基础知识、基本技能，还要注重考查思维过程、创新意识和分析问题、解决问题的实际能力；要结合不同学科特点，合理设置试题结构，减少机械性、记忆型试题比例，提高探究性、开放性、综合性试题的比例，积极探索跨学科命题，提高试题情境设计水平；要严格依据义务教育课程标准科学命题。"由此可以看出，中高考命题改革，起码在思想和理念上已经比当下的作业改革先行一步了。其中一些命题指导思想如"增强开放性，减少死记硬背和'机械刷题'现象""提高探究性、开放性、综合性试题的比例""提高试题情境设计水平"等，恰恰也是当下减轻学生作业负担、推动作业设计改革的方向，具有很强的针对性和实操性。特别值得注意的是，中高考命题强调有"减"有"增"，重在调整试题结构比例，"双减"下的作业改革何尝不应如此？压减作业总量的同时，如何增加开放性、综合性、探究性的作业设计，这对于教师而言是一项具有挑战性的任务。

（三）贯彻"以学定考"原则，做到"教、学、评"一致

只要择校、升学的压力存在，家长的焦虑就不可能完全消除。曾有一些家长向笔者吐槽：教材和教师课堂上讲的内容比较简单，但是到了单元测试、期中期末考试，却发现不少内容是课堂上没有学过的（特别是初中的史、地、政、生等科目）。于是家长心里就有些打鼓了：怎么办？还得想办法课外补啊！之前也有一些教师在网上吐槽：课堂上学的是A，可是期中期末考试要考B，中考高考考的是C。A、B、C覆盖范围和难度都不一样，教师该照着哪个层面来讲？

笔者认为，教、学、评（教师的教、学生的学与考试评价）三个环节的脱节是造成上述问题和困惑的根本原因。对此我们应该一分为二地看：一方面，课堂讲授、学生学习以及考试评价在具体内容上不应该也不可能做到绝对一致。正如叶圣陶先生所说"语文教材无非是例子"，其实每个学科莫不如此，在所学内容基础上的举一反三、拓展延伸算不算"超

纲""出圈"？显然不算！否则学生的创新思维、应用知识解决实际问题的能力从何培养？另一方面，课堂讲授、学生学习和考试评价三个方面，在理念、目标和方式上应该尽量做到协调一致，这样才不至于造成思想上的混乱和焦虑。

首先，新课程、新教材、新高考改革确定了"以学定考"的基本原则，课程标准是中高考以及期中期末考试命题的根本依据。"双减"实施后，"课内不足课外补"的情况不复存在，教师在课堂教学上，必须依据课标，做到应教尽教，考试则应做到不超纲、不超前。考试命题超纲、超前，则必然引发课堂教学超纲超前、课外培训不断加码的连锁反应，导致"双减"实施功亏一篑。

其次，在教学方式方法上，也要尽量做到教、学、评协调一致。分析近年来各地中高考试题，一个非常明显的变化就是试题越来越"情境化"。《中国高考评价体系》将高考考查要求概括为"四翼"，即基础性、综合性、应用性、创新性，每一条都特别强调情境化，比如基础性的考查，要求"以生活实践或学习探索中最基本的问题情境作为任务和基本知识能力运用考查的载体"；综合性的考查要求"以多项相互关联的活动组成的复杂情境作为载体，能够反映学科知识、能力内部的整合及其综合运用"；应用性的考查要求"以贴近时代、贴近社会、贴近生活的生活实践或学习探索问题为情境，将陈述性知识与程序性知识的有机整合和运用作为考查目标，设计生产生活中的实际问题"；创新性考查要求"创设合理情境，设置新颖的试题呈现方式和设问方式……"考试命题已经"情境化"，如果我们的课堂教学还是老一套地照本宣科、脱离生活实践情境和学科任务探索情境，仅仅停留在概念记忆、原理与公式的简单应用等层面，学生又如何能应对考试命题的变化？如何围绕课程内容进行情境化设计和教学？这是教师面临的另一大挑战性任务。

再次，中高考改革越来越重视综合评价和过程评价，如各地中考越来越重视体育，体育的分值不断增加，部分地区已经试点开展美育中考；新高考改革将综合素质评价作为高校招生录取的重要参考依据，许多初中学校开始进行综合素质评价的实践探索。与此相对应，我们是否应重新思考体育、美育、劳育及德育课程的定位及教学方式，并借力"双减"扭转过去一些不正确的做法，促进学生德智体美劳全面发展？

总之还是那句话，"双减"和中高考改革是互相关联的系统改革。加强教师的教、学生的学，还有考试命题三者之间的协同研究，是落实"双减"需要研究的重要课题。

（原载于《中国教育报》2022年1月21日第5版"主编漫笔"栏目）

专家访谈：凝练学生发展核心素养，
　　　　　培养全面发展的人

访谈对象：

中国学生发展核心素养研究课题组相关负责人

研制《中国学生发展核心素养》是全面贯彻党的教育方针、落实立德树人根本任务的一项重要举措。中国学生发展核心素养研究的背景与意义是什么？有哪些主要指标？如何在教育实践中落实？中国学生发展核心素养研究课题组负责人就这些问题进行了回答和阐释。

一、研究背景和价值定位

记者：社会各界对中国学生发展核心素养十分关注，请介绍一下核心素养的研究背景和价值定位。

答：为把党的十八大和十八届三中全会提出的关于立德树人的要求落到实处，2014年，教育部研制印发《关于全面深化课程改革　落实立德树人根本任务的意见》，提出"教育部将组织研究提出各学段学生发展核心素养体系，明确学生应具备的适应终身发展和社会发展需要的必备品格和关键能力"。研究中国学生发展核心素养，主要有三个背景：一是全面贯彻党的教育方针，落实立德树人根本任务的迫切需要。党的教育方针从宏观层面规定了教育的培养目标，对于我国的人才培养具有全局性的指导意义。把党的教育方针具体化、细化，转化为学生应该具备的核心素养，更有利于其在具体的教育教学过程中贯彻落实。二是适应世界教育改革发展趋势，提升我国教育国际竞争力的迫切需要。随着世界多极化、经济全球化、文化多样化、社会信息化深入发展，各国都在思考21世纪的学生应具备哪些核心素养才能成功适应未来社会这一前瞻性战略问题，核心素养研究浪潮席卷全球。面对日趋激烈的国际竞争，我国要深入实施人才强国战略，提升教育国际竞争力，也必须解决这一关键问题。三是全面推进素质教育，深化教育领域综合改革的迫切需要。近年来，素质教育取得显著成效，但也存在课程教材的系统性、适宜性不强，高校、中小学课程目标有机衔接不够，部分学科内容交叉重复，学生的社会责任感、创新精神和实践能力较为薄弱等具体问题。要解决这些问题，关键是进一步丰富素质教育的内涵，建立以学生发展核心素养为统领的课程体系和评价标准，树立科学的教育质量观。

在价值定位方面，核心素养是党的教育方针的具体化，是连接宏观教育理念、培养目标与具体教育教学实践的中间环节。党的教育方针通过核心素养这一桥梁，可以转化为教育教学实践可用的、教育工作者易于理解的具体要求，明确学生应具备的必备品格和关键能力，从中观层面深入回答"立什么德、树什么人"的根本问题，引领课程改革和育人模式变革。

二、研究遵循的基本原则

记者：开展核心素养研究遵循的基本原则是什么？

答：中国学生发展核心素养研究，主要遵循三个原则。第一，坚持科学性。紧紧围绕立德树人的根本要求，坚持以人为本，遵循学生身心发展规律与教育规律，将科学的理念和方法贯穿研究工作全过程，重视理论支撑和实证依据，确保研究过程严谨规范。第二，注重时代性。充分反映新时期经济社会发展对人才培养的新要求，全面体现先进的教育思想和教育理念，确保研究成果与时俱进、具有前瞻性。第三，强化民族性。着重强调中华优秀传统文化的传承与发展，把核心素养研究植根于中华民族的文化历史土壤，系统落实社会主义核心价值观的基本要求，突出强调社会责任和国家认同，充分体现民族特点，确保立足中国国情、具有中国特色。

三、核心素养的内涵与指标

记者：中国学生发展核心素养的内涵是什么？主要包括哪些指标？

答：学生发展核心素养，主要是指学生应具备的、能够适应终身发展和社会发展需要的必备品格和关键能力。核心素养是关于学生知识、技能、情感、态度、价值观等多方面要求的综合表现；是每一名学生获得成功生活、适应个人终身发展和社会发展都需要的、不可或缺的共同素养；其发展是一个持续终身的过程，可教可学，最初在家庭和学校中培养，随后在一生中不断完善。

中国学生发展核心素养以培养"全面发展的人"为核心，分为文化基础、自主发展、社会参与三个方面，综合表现为人文底蕴、科学精神、学会学习、健康生活、责任担当、实践创新六大素养，具体细化为国家认同等18个基本要点。文化基础、自主发展、社会参与三个方面构成的核心素养总框架充分体现了马克思主义关于人的社会性等本质属性的观点，与我国治学、修身、济世的文化传统相呼应，有效整合了个人、社会和国家三个层面对学生发展的要求。责任担当等六大素养均是实证调查和征求意见中各界最为关注和期待的内容，其遴选与界定充分借鉴了世界主要国家、国际组织和地区核心素养研究成果。六大素养既涵盖了学生适应终身发展和社会发展所需的品格与能力，又体现了核心素养"最关键、最必要"这一重要特征。六大素养之间相互联系、相互补充、相互促进，在不同情境中整体发挥作用。为方便实践应用，将六大素养进一步细化为18个基本要点，并对其主要表现进行了描述。根据这一总体框架，可针对学生年龄特点进一步提出各学段学生的具体表现要求。

四、与素质教育及综合素质评价的关系

记者：学生发展核心素养与素质教育是什么关系？

答：素质教育作为一种具有宏观指导性质的教育思想，主要是相对于应试教育而言的，重在转变教育目标指向，从单纯强调应试应考转向更加关注培养全面健康发展的人。核心素养是对素质教育内涵的具体阐述，可以使新时期素质教育目标更加清晰，内涵更加丰富，也更加具有指导性和可操作性。此外，核心素养也是对素质教育过程中存在问题的反思与改进。尽管素质教育已深入人心并取得了显著成效，但我国长期存在的以考试成绩为主要评价标准的问题，影响了素质教育的实效。解决这一问题，要从完善评价标准入手。全面系统地凝练和描述学生发展核心素养指标，建立基于核心素养发展情况的评价标准，有助于全面推进素质教育，深化教育领域综合改革。

记者：学生发展核心素养与学生综合素质评价是什么关系？

答：综合素质是对学生发展的整体要求，关注学生不同素养的协调发展。学生发展核心素养是对学生综合素质具体的、系统化的描述。一方

面，研究学生发展核心素养，有助于全面把握综合素质的具体内涵，科学确定综合素质评价的指标；另一方面，综合素质评价结果可以反映学生核心素养发展的状况和水平。

五、落实的主要途径

记者：学生发展核心素养提出后，在教育实践中落实的途径主要有哪些？

答：学生发展核心素养是一套经过系统设计的育人目标框架，其落实需要从整体上推动各教育环节的变革，最终形成以学生发展为核心的完整育人体系。

具体而言，主要有三个方面的落实途径：一是通过课程改革落实核心素养。基于学生发展核心素养的顶层设计，指导课程改革，把学生发展核心素养作为课程设计的依据和出发点，进一步明确各学段、各学科具体的育人目标和任务，加强各学段、各学科课程的纵向衔接与横向配合。二是通过教学实践落实核心素养。学生发展核心素养明确了21世纪应该培养学生什么样的品格与能力，可以通过引领和促进教师的专业发展，指导教师在日常教学中更好地贯彻落实党的教育方针，改变当前存在的"学科本位"和"知识本位"现象。此外，通过学生发展核心素养的引领，可以帮助学生明确未来的发展方向，激励学生朝着这一目标不断努力。三是通过教育评价落实核心素养。学生发展核心素养是检验和评价教育质量的重要依据。建立基于核心素养的学业质量标准，明确学生完成不同学段、不同年级、不同学科学习内容后应该达到的程度要求，把学习的内容要求和质量要求结合起来，可以有力推动核心素养的落实。

（原载于《中国教育报》2016年9月14日第1版）

实践案例：把时间还给学生的课堂什么样

——名师管建刚和他的家常课改革

读课文，读词语——"跟老师读""男同学读""女同学读""几句话连起来读"……

抄写词语，当堂听写——"跟老师一起写""小身板挺起来""现在听写词语"……

读段落，完成课文内容的思维导图，完成课文内容的拓展练习……

这是苏州市吴江经济技术开发区长安实验小学三年级语文《海滨小城》一课的主要教学环节。这是一堂普普通通的课，也是长安实验小学家常课改革的一个微切面。

与之前听过的很多课不同，记者的直观感受是课堂上教师惜字如金，讲的时间很少，听课记录本上没写下多少东西，但是课堂简洁明快，节奏感很强，学生和老师都没闲着。

家常课教学改革的主导者管建刚是全国知名的特级教师，他的作文教学在语文界享有盛誉，去全国各地上过很多研讨课、示范课，其精巧的教学设计和精妙的课堂讲解令无数教师折服。但是一些人慕名前去观摩学习管建刚的家常课，却有些失落或不解：那个激情四射、妙语连珠的管建刚不见了，课堂没有导入的铺陈，没有优美的总结，没有衔接的设计，没有精彩的活动，课上70%的时间都还给学生读、背、写了。一次，一批教师来听课，管建刚发现很多人坐在教室后面不停地刷手机，他说："辛苦大家听了两节无聊的课，你们看手机的时间比听课的时间还多。"

后来，一些教师告诉管建刚："您的示范课讲得很好，但是我们学不来。"但是，看了以学生的读、背、写为主的家常课改革，一些教师告诉他："这样的课我也能上！"

这话让管建刚确信，家常课改革的路子走对了！

一、家常课改革的由来

是什么让已经功成名就的管建刚想去搞语文家常课教学改革？

一直以来，有四个问题让管建刚迷惑不解：

为什么学生带回家的作业那么多？——学生做作业做到9点10点是常态，有的孩子写到11点甚至更晚，预习、背诵、默写、课后习题、配套练习册，看起来这些作业还都是必要的。

为什么总是有那么多后进生？——不管哪篇课文，总有一些学生读不通顺，更别说背诵了，默写10个词语，错4个、5个是常事。

为什么课堂上总有不少学生开小差？——老师点名让某个学生读，其他学生开小差了；老师提问某个学生，其他学生走神了；老师关注这个学习小组，其他小组把讨论当聊天了……

为什么作业不少学习成绩却难提高？——优质学校用的教辅材料，普通学校也明里暗里用了；学生刷的题都差不多，量也不少，但是考试成绩却相差一大截。

经过长期的观察和思考，管建刚找到了症结所在：家庭作业多，是因为课堂上老师讲得太多，学生绝大部分时间都在听老师讲，作业都留到回家做了；后进生多，是因为课堂不抓基础，很多基础知识把关的任务交给了家长，而很多家长并不具备应有的素养，甚至没有相应的时间和精力；课堂上开小差的学生多，是因为学生没有必须由自己独立完成的任务，学生都在吃大锅饭；作业都做了但成绩没起色，是因为学生作业的情境不真实，"教练"不在场，缺乏同伴和鼓励，很多作业无信度、无实效。

管建刚告诉记者，家常课的核心理念和改革途径，就是突出学生主体地位，课堂上教师讲授时间不超过30%，70%的时间还给学生；课堂遵循"零起点教学"原则，从最基础的字词句和课文朗读背诵做起，能在课堂上完成的学习任务决不带回家；将学习任务分解到"读、写、背"的不同环节，用闹钟分割时间，让每一个学生每一分钟都在课堂上忙碌起来，提高课堂效率；发挥好教师的主导作用，学生的当堂练习有情境、有伙伴、有"教练"、有激励、有反馈。

"家常课删繁就简，回归语文教学最初的质朴状态，以基本的教学规范保证了课堂教学的质量和效率，学生回家做的作业少了，休息的时间多了，减负的目的达到了，同时学生的成绩也稳步提高，回应了'办老百姓满意的教育'的基本诉求。"长安实验小学校长钮云华说。

二、家常课的教学样态

"走进课堂，像是走进了一个纪律严明的学习部队，安静、有序，每个人都有自己的收获，这种收获是自己习得的，而不是老师给的……"河北省承德市隆化县十八里汰希望小学的商燕老师在亲身感受过管建刚的家常课课堂后这样感叹。

把时间还给学生后，课堂教学如何开展，怎么把时间充分利用好？管建刚和他的团队设计了三个课堂工具。

第一个是"习"的工具——家常课任务单。记者见到的任务单，不是散页式的，而是根据课文顺序，每学期一本装订成册。据了解，这些任务单，是管建刚带领一批骨干教师放弃寒暑假休息时间，参考统编教材的课后习题、北京上海江苏浙江等省市小学语文配套练习册，夜以继日、孜孜矻矻研发出来的。每篇课文的每一课时"读"的任务、"背"的任务以及要完成的刚需作业（抄写、默写、课后习题、配套练习册的习题），在任务单上列得清清楚楚。这些任务还按照语言学习的规律，根据儿童的身心特点作了有序的安排。记者发现，每一课时的任务单都有四项任务，正好对应课堂上"读—习—读—习"四个环节，学生的口与手交替练习，从读词、读句到读段落，从识字、跟写到听写，再到分析文章结构、写作手法、理解应用，完成思维导图和相关习题，思维层次由浅入深。一节课，学生完成任务单的质量，就是自己这堂课上学习的质量。有了任务单，学生就知道自己"学"得怎么样、"习"得怎么样。有了这个任务单，教师也知道这堂课自己的教学任务完成得怎么样，任务单让课堂教学变得简单、朴素，易于使用和检测。

  第二个是"时间"工具——闹钟。在课堂上，教室前方的屏幕上，在学生开展某些学习任务时，上面就会显示一个时钟进行倒计时，时间到响铃提醒。课堂上每一个任务都有设定，四个任务的总时间正好40分钟。如，第一课时"任务一"的"读"为10分钟，一般每个学生"读"的时间为7分钟，还有3分钟读词语以及老师评价和管理；第一课时"任务二"的"习"为12分钟，老师示范写字1分钟，抄写词语和选择字音7分钟，默写词语2分钟，还有2分钟留给老师评价和管理……课堂上每一节课要使用闹钟5~8次，闹钟可以设计在课件的PPT里，黑板上还配有临时要用的实物闹钟。任务三和任务四的作业时间各为8分钟，学生就跟时间赛跑，提前完成学习任务的学生可以背诵奖励题。管建刚解释，这样对时间进行细分，就是让教师和学生意识到时间的宝贵，从而提高课堂教学效率，提高学生学习效率。

  第三个是"管理"工具——课堂管理口号、课堂管理手势、课堂管理印章和课堂管理Q币。课堂怎样才能做到忙而不乱、杂而有序？高效的课堂需要纪律保障，而良好的课堂纪律需要依靠一定的"管理"工具。"时间到，全放好""闹钟不停、朗读不止""作业不看书，看书不作业""书本，斜斜放"，这些口号引导学生的行为，课堂整齐干净；学生自由读课文时，读一遍伸出一根手指，读两遍伸出两根手指，谁读了几遍一目了然……学生课堂表现好可以获得印章和Q币，集满一定数量的印章或Q币可以换"免做回家作业券""免批评券"等。有了这些工具，课堂纪律自然就好了，课堂管理就不用靠"吼"了。

有了这三样工具，常态课的课堂样态不一样了，每一堂课目标明确，学生忙碌而充实：忙着读，读词语、读句子、读课文、读奖励题；忙着写，写生字、写词语、写重点笔记；忙着想，梳理课文内容、完成思维导图和相关习题。每个人都有自己的任务，每个任务都有时间规定。一名学生在作文里写道："以前的语文课就像催眠曲，让我想睡觉，闲着；现在的语文课，我们没时间睡觉，忙着。"

三、家常课上教师何为

家常课改革把大部分时间交给学生，学生忙着读、写、习，教师何为？教师岂不是没事可干了？

非也！

"课堂的主体是学生，但是课堂的主导者是教师。"管建刚说，"就家常课而言，教师的主导作用体现在两个方面，一是设计学习任务，这个主要体现在前期研制家常课任务单上，二是做好课堂上的组织、管理、激励和示范。"

苏州市吴江经济技术开发区花港迎春小学的朱敏彦老师在实践家常课改革。她认为这样的家常课解放了教师：把教师从繁冗的教学设计中解放出来，他们的眼里、脑子里只有学生，有更多时间关注每个学生，并能当场给予一对一的指导；把教师从一遍遍无效的催促中解放出来，教师专注于组织和管理，使用各种课堂管理工具和激励方法，让学生心甘情愿沉浸在读、写、背中；把教师从无数讲解和批改中解放出来，大量的时间留给学生"习"，大部分学生已经掌握的知识，教师不用再讲，而是变集中讲解为有针对性的指导。

解放出来的教师并没有闲着，而是更忙了。管建刚对家常课教师的要求是"管住嘴、迈开腿"——"管住嘴"即教师少讲精讲，把时间留给学生去"习"；"迈开腿"即教师在教室里要多走动，关注每一个学生的学习状态和学习任务完成情况，及时给予指导和激励。

一课时40分钟的家常课上，教师差不多始终处于"战斗"状态：他们从前排到后排，从左边到右边，在学生间来往穿梭，忙着发出各种学习指令，忙着答疑示范，忙着盖章激励，忙着现场批阅作业。而课后学生不忙了，教师们依然忙，他们要收齐学生的学习任务单再次批阅，分析学生的集中错误，整理错题，择时集中讲解。

"所有看起来轻而易举的事，背后都是无数心血的凝结，而一堂课的干净利落，则是教师掌握全局的结果。"商燕老师在听课记录本上写道。

重庆市万州区电报路小学张登慧老师在观摩以"习"为主的家常课改革后感叹道："这样的课堂是极简与极忙的和谐统一，教学结构极简，教学思路极简，教师行为极简，评价激励极简，但是课堂上学生和教师又极忙，关键是，学生忙了学生该忙的，教师忙了教师该忙的！"

长安实验小学推行家常课改革两年多，教师们感觉课堂纪律好了，学生做作业速度快了，学习状态紧了，学习成绩也提升了。家长感觉课后作业少了，学习负担轻了，孩子的学习习惯好了。最近，钮云华校长挨个听了一遍2020年新入职教师的语文课，结果让他大感意外，没想到他们在短短两三个月的时间内就能站稳讲台，课堂规范而有效。

目前，全国已有江苏、河北、河南、吉林、湖南、湖北、福建、安徽、山东等18个省份的教师慕名通过网络或到校学习长安实验小学的家常课改革经验，跟着一起实践。

"教是为了不教。学生在教室里、在老师眼皮底下自己学、自己习，慢慢地，不在教室里，不在老师眼皮底下，他们也能自己学、自己习了。"管建刚说。据了解，长安实验小学还将尝试让高年段学生自己设计家常课任务单，教师用学生设计的任务单来上课，学习小组也可以用自己的任务单来给全班同学上课。

（原载于《中国教育报》2021年1月4日第9版）

采访后记：

管建刚是一位名师，因作文教学而出名，2018年我就约他为"名师反思录"栏目写过稿子，而他的家常课同样让人耳目一新。

采访前夜抵达苏州，和管建刚老师在快餐店进行了一场观课、采访前的闲聊。管老师没有谈多少新理念、大道理，只是讲述了一些教学常规，比如教师应该如何观察学生、如何板书和使用PPT，如何进行课堂的纪律管理和时间管理，等等。

管建刚老师的家常课，私下有个通俗的名称叫"习课堂"——以学生学习为主的课堂，这个名称其实更能直观体现他的教学主张和课堂教学风格。正如文章中所写的，亦如那两天正在长安实验小学观摩学习的广东罗定市的老师们的感受一样——管建刚的家常课，课堂结构简单而明晰，教师讲得很少，大部分时间都是学生在读、写、背、做题。

有人会讲，这不是让教师偷懒吗？或者又有人讲，这不是回到课改前的老路上去了吗？

而我最想用一个词来形容我的感受、表述我的想法，那就是"返璞归真"。

管建刚的家常课或曰"习课堂"上，教师一点也不轻松，而且应该会更累，因为整个课堂的节奏很快，时间被充分利用起来，教师和学生都没有时间偷懒走神。一项项看似简单的学习任务，其实都是教师团队在研读课标和解析教材的基础上，有目的、有针对性地设计出来的，课前和课后，教师下的功夫更大。

这样的课堂是不是回到数十年前低水平、简单化的老路上去了？我觉得不是。说它不是过去低水平、简单化的教学，原因有二：一看怎么学，数十年前，或者现在的一些乡村小学，教师课堂上也主要是让学生读书、背书、写字、做题，但那更多是简单粗放的状态，没有目标任务等方面的管理，没有方法上的指导，而"习课堂"上，学生的学习是在教师充分发挥主导作用下的学习，是精细管理下的学习，能更好地起到"查漏补缺"的作用。二看学什么，同样是读、背、写、做，但是内容却不一样，"习课堂"的学习任务都是经过科学设计的，细到哪个知识点检验学生哪方面的基础都有考量，在夯实基础知识的同时，很多学习任务，是凸显了高阶思维培养和综合应用能力培养导向的，与过去简单停留在记忆和浅层理解的学习不可相提并论。

当前的课改，突出学生核心素养培育、突出创新能力培养，这些方向都是对的，但是实践中，课堂教学都去追求"高大上"的东西，反而忽视了基础知识的学习，这样的倾向值得警惕。知识是素养的基础，皮之不存，毛将焉附？特别是对于一些农村地区学校、城市郊区学校、城乡接合部的学校而言，学生基础较为薄弱，不把基础打牢，更高层次的追求和学生的后续发展都会受到制约。

从这个角度看，管建刚老师的家常课改革，有普遍的学习意义，同时在学习的过程中，我们也应该反思当下的课程教学改革，在某些方面，是否存在偏执一端的情况。

第三辑

立德树人与学科教学

引言

中小学教师的基本工作职责是什么？概括起来就是四个字：教书育人。这四个字实际上包含着两方面的内容：教书——传授科学知识；育人——教育引导学生全面成长。而在现实中，很多教师重视教书却忽视了育人，或擅长教书却不会育人。

擅教书却不会育人的老师，不是好老师。2014年第30个教师节，习近平总书记在北京师范大学勉励全国广大教师要做"有理想信念、有道德情操、有扎实学识、有仁爱之心"的好老师。好老师不仅要做到自身"四有"，还要善于把思想政治教育融入学科教学，引导学生也做有理想信念、有道德情操、有扎实学识、有仁爱之心的人。

好的教育不仅要"育分"更要"育人"，好的教学应该是"目中有人"的教学。如何把立德树人的理念落实到课堂教学中？如何找到学科知识中的育人元素？语文、历史、道德与法治"统编三科"以及物理、化学、生物、数学等自然科学属性的学科，各应采取什么样的教学方法？如何对德育或育人的效果进行评价、评估？这些问题都值得研究。

教师要有学科育人的意识，更要具备学科育人的专业能力。这既是教师专业发展的应有之义，也是目前许多教师亟待提高的短板。

改进中小学德育评价的方向性思考

在党中央、国务院各个历史时期的重要会议和文件中，一再强调德育的重要性，特别是在2014年教育部下发的《关于全面深化课程改革 落实立德树人根本任务的意见》中，更是对在全面深化课程改革的背景下加强中小学德育工作提出了明确的指导思想、目标任务和实施路径，然而在实践中，德育仍然是一个薄弱环节和老大难问题。中小学德育效果不佳，影响因素是多方面的，其中一个重要方面就是德育评价的研究和实践探索相对薄弱，甚至在要不要开展德育评价、能否对学生的道德品质进行评价这些基本问题上，人们在思想认识上还存在分歧。

德育评价是对德育活动进行价值判断的过程，是对德育实施情况的评价与总结。在学校德育教育中，德育评价主要是指对德育工作过程的评价和对学生道德品质的价值判断。通过德育评价，可以完善德育的活动过程，解决德育中存在的问题与不足，帮助学生建构合理的品德体系，促进学生的全面发展。

评价是教育的指挥棒，没有评价的约束，德育难以得到真正的重视；评价导向出了偏差，德育也难以达到预定目标。针对中小学生的德育评价操作起来比较难，因为认知层面的东西容易考查，但情感和行为方面的评价比较复杂，如何保证评价标准、评价指标体系的科学性和可操作性等是个难题。在实践中还存在将德育评价窄化、量化、虚化等问题，但是德育评价难和存在的种种问题，不是否定开展德育评价的重要性、必要性的理由，相反，恰恰说明德育评价具有重要的现实意义，值得认真研究探索。

一、对德育评价功能和价值进行再认识

（一）中小学德育评价要服务于德智体美劳全面发展的教育方针，充分发挥评价的引导作用

习近平总书记在2018年全国教育大会上的讲话中指出："要深化教育体制改革，健全立德树人落实机制，扭转不科学的教育评价导向，坚决克服唯分数、唯升学、唯文凭、唯论文、唯帽子的顽瘴痼疾，从根本上解决教育评价指挥棒问题。""破五唯"是科学开展教育评价和人才评价工作的保障。过去的中小学德育评价，站位偏低，多囿于学校德育工作这一个子系统，这样一来，德育评价所发挥的导向作用就会受到很大限制。而实际上，德智体美劳五育之间是互为依托、互相影响、相辅相成、密不可分的，共同服务于"立德树人"这个根本目标。强化中小学德育评价的一个重要意义，在于完善中小学整体的教育评价体系，引导学生德智体美劳全面发展，引导学校五育并举、均衡发展。中小学德育评价应站在服务于德智体美劳全面发展的教育方针的高度进行整体设计，并与学校育人工作的方方面面建立起紧密联系。

（二）应淡化中小学德育评价选拔、评比考核、资格审查功能，强化其引领学生成长的功能

中小学德育效果不彰的一个重要原因，源于对德育评价功能的错误定位。长期以来，德育评价在选拔、评比、考核、资格审查等方面发挥着重要作用。德育评价上的这种功能定位，使道德偏离其本质而异化为工具，使学校德育工作追求短期效应，使中小学德育评价充满功利主义色彩，进而导致实践中德育评价被简单量化的做法。然而，对道德进行量化评价有

悖于道德的本质特征。道德是"出乎道德"和"合乎道德"的统一，亦即评价一种行为是否为道德行为，不仅要看行为本身是否"合乎道德"，更重要的是必须看主体的行为是否"出乎道德"。同时，只有意志自由的行为才能接受道德评价，但是道德的量化评价却将所有"合乎道德"的行为都赋予了道德价值，而忽略了对其意志是否善良的审视。选拔、评比、考核、资格审查的功能使得评价者试图将学生的道德水平转化为可以比较的数据，给学生打上"优、良、中、差"的等级标签，而事实上，学生的道德认知、道德情感、道德意志、道德行为等方面的情况并不能完全通过数据进行合理表达。道德只有"有无"之分，并无"高低"之别，对学生的品德发展水平进行优劣排序和比较的做法，本身就是反道德的。

因此，要回归德育评价的本真目的，必须摒弃德育评价中的功利主义倾向和量化评比的做法。在新时代，德育评价必须淡化政治色彩，尽可能淡化其选拔、评比考核、资格审查功能，而强化其引领学生成长的功能。应该通过德育评价，引导学生对德性生活的追求，培养学生健全的人格，通过建立相应的反馈与沟通机制，以评价促进中小学学生道德发展水平提升，从而达到立德树人的目的。

（三）中小学德育评价研究应在指导、带动学校的实践探索中展现其现实价值

德育评价研究工作同样存在误区，需要对其功能价值进行再认识。当前的许多德育评价研究单纯停留在理论层面，为研究而研究，不接地气，对于互联网时代背景下产生的新问题以及校园欺凌、德育后进生转化、家校德育合作等现实问题缺乏关注，导致出现研究与实践"两张皮"的现象。德育评价研究工作需要祛除为评奖而研究的功利化、短期化倾向，将指导、带动学校的实践探索作为德育评价研究的根本宗旨。德育评价研究只有理论联系实际，走向实践，与学校的实践探索形成良性互动，才具有

现实价值，才能获得新的发展。同时，这也是德育评价发挥服务学生成长的功能的必然要求，二者在内在逻辑上是统一的。

二、科学确定德育评价的维度和指标体系

开展中小学德育评价最大的难点是科学确定评价的维度及建立学生品德发展水平的评价指标体系。学生的情感、意志、行为方面的表现难以评价，量化评价存在诸多弊端，这些都是事实，但不能因此而否定建立德育评价指标体系的意义，因为如果不能确定德育评价的维度与指标，也就无从进行评价。德育评价该包括哪些具体的分层级的评价指标，对此不同学者仁者见仁智者见智，难以达成共识，德育评价只能在不完美中寻求相对完美的方案，但应该形成共识的是，我们在确定中小学德育评价维度和指标体系时，要把握好根本性的指导思想和原则，这是非常重要的。我们必须认清新时代中小学德育的新特点、新趋向，把握好三个原则，否则，德育评价就可能南辕北辙，出现方向性偏差。

（一）中小学德育评价要体现德育目标与内容的新变化，契合儿童成长的阶段性特点

进入新世纪后，我国中小学德育改革的重要举措是把小学阶段的"思想品德"课改为低年级的"品德与生活"和高年级的"品德与社会"。"思想"二字从课程名称中去除，意味着我们不再对年纪尚小的儿童提出他们难以企及的德育目标要求。从 2016 年起，义务教育小学和初中起始年级"品德与社会""思想品德"教材名称统一更改为"道德与法治"。德育教材名称的变化，意味着道德教育以及与道德密切相关的法治教育的目标得以凸显。在义务教育阶段，学生的道德和社会性发展已经成为最基础的德育目标。中小学德育目标的制定逐渐摆脱了单纯的政治上的考量，开始回

归教育实践自身的逻辑。分析 40 年来我国中小学德育内容的变化趋势不难看出，在义务教育阶段，德育内容逐渐以道德、心理、国情和法治教育为主要内容；高中阶段在强调政治和思想教育的同时，课程内容变得更加开放包容，公民道德教育、社会主义核心价值观教育、网络道德教育、生态文明教育、性教育等都已成为学校德育的重要内容。

中小学德育目标及内容的变化，为确定德育评价的维度、制定德育评价的指标体系提供了指导思想，德育评价必须与德育课程内容的变化相适应、相协调，与时俱进，体现新时代的要求。

教育部 2017 年发布的《中小学德育工作指南》，在勾勒了"为学生一生成长奠定坚实的思想基础"的总体目标基础上，详细地提出了不同学段的具体目标：小学低年级侧重"养成基本文明行为习惯"，小学中高年级侧重"初步形成规则意识和民主法治观念"，初中学段侧重"引导国家认同和培养公民意识"，高中学段侧重"学习运用马克思主义基本观点和方法观察问题、分析问题和解决问题，初步形成正确的世界观、人生观和价值观"。这一针对不同学段层层递进设定不同目标的德育体系，背后是对学生身心发展特点和规律的理性把握。在进行中小学德育评价时，必须关注学生不同成长阶段的发展特点，体现科学性和渐进性。

（二）中小学德育评价要坚持并体现德育的整体性与关联性

《中小学德育工作指南》强调建立全员育人、全程育人、全方位育人的育人体系，树立大德育观，具体到学校教育中，则强调课程育人、文化育人、管理育人。这是新时代德育工作的特性。我们必须反对和摒弃认为德育是一项单独的教育、可以脱离其他各育、可以脱离学生整体生活的观念，在确定中小学德育评价的维度和评价指标体系时，必须坚持整体性与关联性原则，从而充分发挥德育评价促进学生全面发展与健康成长的功能。

习近平总书记在全国教育大会上的讲话中指出："要努力构建德智体美劳全面培养的教育体系，形成更高水平的人才培养体系。"德智体美劳要五育并举、五育融合，五育是相互联系相互促进的，其中德育是灵魂，德育可以融入智育、体育、美育和劳育中。例如，在语文、历史等学科的教学中，就蕴含着大量的爱国主义教育、中华优秀传统文化教育、革命传统教育方面的内容，各学科教育为德育提供了具体化、生活化的情境，成为德育的载体。体育不仅要提高学生的体质和运动技能，体育运动和竞技比赛中涉及的互相尊重、公平竞争、遵守规则的意识，顽强拼搏、团队协作的精神，集体主义观念等，都是道德品质的重要体现。美育与德育既互相独立又互相促进和渗透，德育让学生具有良好的品质，而美育在潜移默化中陶冶学生的情操。德育提供了美育发展的基石，美育为德育注入精神的内涵。德育可以成为美育发展的平台，为美育发展护航，美育则为德育提供强大的精神动力。劳动教育引导学生形成劳动光荣等正确的价值观念，自觉抵制不劳而获、拜金主义思想，教育引导学生热爱劳动、尊重劳动，自觉践行社会主义核心价值观，劳动教育中蕴含着丰富的德育内涵，劳动的过程就是从情感、意志、行为等方面进行德育评价的好机会。

由此可见，智育、体育、美育和劳育的过程，都可以成为开展中小学德育评价、观察记录学生德性修养和行为的时空场域，评价的主体除了班主任，各学科的教师和学生自身都应成为德育评价的主体。脱离德育的整体性、关联性开展德育评价，必然失之偏颇，是不全面也不科学的。

（三）辩证看待"评学"倾向，认知与实践两个层面不可偏废

忽视德育的整体性、关联性，狭隘地将中小学德育评价局限于德育学科和德育主题活动，就会带来实践上的偏差，主要表现为将德育评价异化为"评学"——评价学生"学"得如何，特别是德育课程学得如何，进而将其量化——看学生德育相关课程考得如何，得分多少。"评学"取向的德

育评价观忽视了对学生"学"之外的其他因素的评价,让德育评价在实践中异化为"德育应试",不能全面、客观、真实地反映学生道德品质的实际状况,达不到促进学生良好品德养成的目标,这样的做法遭到了相关专家的一致抨击。

但是,对于德育评价沦为"评学"的抨击,加上对德育与智育关系处理不当,在现实中却又可能使中小学校在实施德育和德育评价的过程中走向另一个极端:忽视乃至否定德育课程的价值及其作用,表现在学校的教育活动中就是德育主题活动走过场,德育相关课程的课时被挤占,甚至有些学校排"阴阳课表"应付上级部门检查。有的学校开学时把《道德与法治》课本发给学生,让学生自己去看,课堂上不讲。这样的做法显然是极端错误的。德育课堂相关知识的讲授主要是为了让学生形成一定的道德认知,这不是德育评价的全部,却是德育评价非常重要的一个方面。开好德育课、认真学好德育课是一个底线要求。认知指导实践,认知层面的问题没解决好,实践层面的问题很难解决好。我们难以理解和想象,一个对道德规范、基本法律知识、社会主义核心价值观等缺乏认知、认同的人,其所作所为是"出于道德"和"合乎道德"的。开展中小学德育评价时,必须把握"知""行"合一的原则,认知与实践层面二者不可偏废,缺一不可。这也是坚持德育评价整体性与关联性的另一重意义。

三、将德育的多元评价、过程性评价落到实处

当前中小学德育评价还是以教师特别是班主任为主体,评价过程主要由教师完成。评价的方式主要是"写评语"或是纸质的"成长档案袋""成长记录单"。这种评价具有单一性、封闭性、主观性和终结性的特点,而且通常是一个学期甚至一个学年结束才进行一次,评价的时间跨度过长,既不能充分反映学生品德发展的动态变化,也不能起到引领学生成长的作用。

学校德育的复杂性和过程性决定了德育评价的实施不能只看结果不看过程，毕竟人的道德认知的转变、情感的转变、行为的转变更多地体现在前后相继的过程之中。另外，德育过程中其他影响因素如教师、方法、活动、信息、资源等的变化，很大程度上也会影响德育的实效。德育中过程性评价的运用，不仅可以详细记录和分析德育实施过程中的各种变动与不变因素的影响，还可以以此为参照分析学生道德素养变化的真实与否。

同时，从教师主导的单一性评价走向学生自评互评、家长社会参与评价，是对学生主体性的尊重，也是建立全员育人、全程育人、全方位育人的大德育体系的需要。针对中小学生开展多元性、过程性、发展性的德育评价已经成为时代发展的必然要求。

目前中小学在德育评价方式上开展了诸多创新探索，从注重量化评价转向定性与定量结合，教师的操行评语也尽力追求个性化表达，评价方式更加多样化，这是值得肯定的进步，但是在实践中，中小学德育评价仍然存在评价的多元主体难以真正参与、过程性评价难以落地的状况。究竟卡在哪里？如何突破？笔者认为应该从两个方面来思考。

首先，要转变思想观念，回到新时代中小学德育评价的基本功能——主要是为了促进学生成长而不是为考核评比、选拔鉴定提供依据。以此为观照，则对学生学习生活、道德养成过程的观察、记录、描述和分析，比由教师作出的终结性的、静态的评议、评定更有价值和意义，概括说就是"记录促成长，功夫在评外"。在这方面，中小学德育评价可以充分借鉴一些学校实施综合素质评价的思路和具体做法。以清华大学附属中学开发、已在北京全市高中以及13个省份部分中学应用的"清华附中学生综合素质评价系统"为例，这个"综评系统"以过程积累的大数据为评价依据，以促进学生发展的"高影响力"活动为评价内容，采用过程性和发展性评价方式，强调多元评价主体参与，以网上公示、互相监督保证评价的真实性和客观性，以满足使用者不同需求的"学生综评发展报告单"为评价结果。中小学德育评价可以借鉴这种"写实记录"的方式，通过客观地、写实性地记录学生成长过程中可考查、可比较、可分析的突出表现，特别是在参加社会公益及志愿服务情况、诚信履约、文明礼仪、遵纪守法等对学生品德成长具有"高影响力"的事件方面，进行持续性的记录，动态反映学生的道德发展水平及品格养成过程。

其次，要与时俱进，积极采用新技术手段。新时代的中小学德育评价不能仅停留在纸和笔的阶段，只有充分利用现代化信息技术手段，发挥互联网存储量大、方便快捷、受众广泛、易于互动等特点，突破时空限制，才能真正让学生、各学科教师、家长及社会相关机构成为评价的主体，提高各方评价主体的参与度。学生、教师、家长可以随时随地登录网络平台，上传参加相关活动的佐证材料，教师及同学之间亦可相互进行评价或质疑，以保证记录的客观性。这种基于写实记录的动态评价方式，既能帮助学生关注自身和同伴的发展，提高自身道德发展水平，又能帮助教师进行实时过程性评价，有效指导学生发展以及与家长实时沟通。这种方式还能改变过去教师特别是班主任一人主导、工作量过重的状况，并通过制度设计避免实施过程中教师对学生自评、生生互评、家长评价结果不重视、不予采纳的情况，让学生、家长的评价主体地位切实得到保障。学校则可以通过大数据，统计分析各个年级、各个班级不同时期的品德发展水平，总结规律，调整学校德育实施策略和评价指标体系，有针对性地主动创设良好的德育环境，组织开展对学生品德发展具有"高影响力"的德育活动，最大限度地发挥德育评价引导、激励学生全面发展的作用。

（原载于《课程·教材·教法》2019年第7期）

中小学"课程思政"的功能及其实现方式

思想政治理论课是落实立德树人根本任务的关键课程。2019年3月18日，中共中央总书记、国家主席、中央军委主席习近平主持召开学校思想政治理论课教师座谈会并发表重要讲话。习近平总书记指出，在大中小学循序渐进、螺旋上升地开设思想政治理论课非常必要。我们办中国特色社会主义教育，就是要理直气壮开好思政课，用新时代中国特色社会主义思想铸魂育人，引导学生增强中国特色社会主义道路自信、理论自信、制度自信、文化自信，厚植爱国主义情怀，把爱国情、强国志、报国行自觉融入到坚持和发展中国特色社会主义事业、建设社会主义现代化强国、实现中华民族伟大复兴的奋斗之中。同时，要坚持显性教育和隐性教育相统一，挖掘其他课程和教学方式中蕴含的思想政治教育资源，实现全员全程全方位育人。

此次最高规格的思想政治理论课教师座谈会以及习近平总书记的讲话，实际上给教育界提出了两个课题：一是如何加强和改进思想政治理论课建设，二是如何在各学科的课程及教学中融入、渗透、落实思想政治教育的相关理念和要求。前者是"思政课程"问题，后者是"课程思政"问题，二者不可偏废，只有互补互鉴，才能发挥整体育人的效果。但是反观现实，长期以来，对于"思政课程"建设，一线教师和专家学者们研究和探讨较多，而对于"课程思政"问题则研究得较少。

对于课程思政的研究相对较少，其实不难理解，因为相对思政课建设，这是一个新的问题。课程思政的概念最早是上海市高校在 2014 年正式提出来的，提出这一概念是为了探索解决思政课程与高校通识课、专业课之间"两张皮"的现象。教育界对于课程思政的概念、内涵，各学科课程应从哪些方面体现思政的功能与价值，课程思政应采取什么样的实施方式等，尚缺乏深入的认识。特别是在中小学阶段，是否应该提倡课程思政以及如何落实课程思政的理念，更是一个新的值得深入探索的课题。本文仅从中小学的视角，对课程思政相关问题展开分析探讨。

一、思政课程与课程思政的概念辨析

当我们谈论课程思政时，我们在谈论什么？探讨课程思政问题，必须对思政课程及课程思政相关概念进行清晰的界定，对当前话题探讨的语境有所了解。

（一）思政课程

所谓思政课程，"课程"是中心词，"思政"是对其进行限定的修饰词。我们常说的思政课程，是学校课程体系中专门设立的思想政治理论课的简称，但思想政治理论课并不是某一门具体的课程，而是一类课程的总称，其下包括具体的细分课程。高校的思政课程包括马克思主义理论课（如"马克思主义哲学原理""马克思政治经济学原理""邓小平理论概论""毛泽东思想概论""当代世界经济与政治"）和思想品德课（如"思想道德修养""法律基础""形势与政策"）两大类。

中小学的思政课程，除了国家课程之外，还有相关地方课程及校本课程均有涉及，本文主要探讨国家课程体系中的思政课程。小学的思政课程，在新中国不同时期有不同的叫法。改革开放前，小学开设"政治课"。1981 年，教育部颁布《全日制五年制小学教学计划（修订草案）》，规定将"政治课"改为"思想品德"。进入 21 世纪，新一轮课程改革启动后，小学的"思想品德"又分为低年级的"品德与生活"和高年级的"品德与社会"。

中学的思政课程，一直称为政治课，但内容设置有所变化：根据 1980 年发布的《改进和加强中学政治课的意见》，中学阶段在初一开设"青少年修养"，初二开设"政治常识"，初三开设"社会发展简史"，高一开设"政治经济学常识"，高二开设"辩证唯物主义常识"。1986 年发布的《中学思想政治课改革实验教学大纲（初稿）》，将中学思想政治课程内容调整为：初一开设"公民"，初二开设"社会发展简史"，初三开设"中国社会主义建设常识"，高一开设"科学人生观"，高二开设"经济常识"，高三开设"政治常识"。进入 21 世纪，高中政治课分成必修模块和选修模块，其中必修模块包括"经济生活""政治生活""文化生活""生活与哲学"。

2016 年，义务教育阶段的思政课程统一称为"道德与法治"［包括七年级的"道德与法治（法治专册）"］。2017 年，高中思想政治课程再次调整，调整后的内容包括必修课程、选择性必修课程、选修课程三类。其中，必修课程包括"中国特色社会主义""经济与社会""政治与法治""哲学与文化"四个模块；选择性必修课程包括"当代国际政治与经济""法律与生活""逻辑与思维"三个模块；选修课程包括"财经与生活""法官与律师""历史上的哲学家"三个模块。

（二）课程思政

所谓课程思政，"思政"是中心词，"课程"是修饰语。课程思政是指在各学科课程中，充分利用课堂教学的主渠道作用，努力发掘课程本身所蕴含的思想政治教育元素，坚持有机融合的原则，在系统、科学地进行知识讲授的过程中，有意识地开展理论传播、思想引领、价值引导、精神塑造和情感激发的教育方式。我们谈中小学的课程思政，这里的"课程"指的是思政课之外的学科课程，如语数外、政史地、理化生、音体美、综合实践、劳动、信息技术与通用技术等（以下提到"学科课程"时均指思政课之外的课程）。课程思政，就是借由、依托这些学科课程实现思想政治教育功能的一种教育实践活动方式。

由此可见，思政课程与课程思政是两个不同的概念，前者特指思想政治教育类课程，而后者则指的是立足于学科课程、融入思想政治教育功能的一种课程教学新理念、新方式。

二、在中小学教育中提倡"课程思政"的意义

中小学的学科课程，具有知识性与教育性双重属性，但是长期以来，受偏狭的教育观念及唯分数论的考试指挥棒影响，在中小学的教育教学中，各门学科课程过于强调知识性，侧重于"育分"，教育性即育人功能被忽视。教师在教学过程中重"教书"轻"育人"。课程思政概念的提出，就是强调要充分发掘各学科课程中的思想政治教育资源，发挥好其育人功能，这与基础教育课程及教学改革的根本目标——立德树人，以及聚焦于"关键能力"与"必备品格"、培养全面发展的人的中国学生发展核心素养体系的目标是一致的。

推进课程思政的改革，是全面贯彻党的教育方针，解决好培养什么人、怎样培养人、为谁培养人这个根本问题的要求，也是建立大思政体系的客观要求。但从做好中小学生思想政治教育的角度看，以往我们过于强调思政课程这一"显性教育"的作用，而忽视了学科课程"隐性教育"的作用，对学生进行思想政治教育成了思政课程的专门任务，其他学科课程似乎"事不关己，高高挂起"。思政课程与其他学科课程之间泾渭分明，思政课程在整个育人体系中如同"孤岛"，遑论各类学科课程和思政课相互配合的问题。这样的格局显然与习近平总书记提出的建立"全员全程全

方位育人"的大思政体系的要求是格格不入的。

可见,在中小学阶段推动课程思政建设,并非标新立异、造新概念,而是具有很强的现实意义。思政课程和课程思政理念指导下的学科课程,二者相互协同配合,形成合力,才能共同完成立德树人这一根本任务。

三、多维度发掘学科课程的思政功能及价值

由上面的概念辨析亦可看出,课程思政不是学科课程与思政课程的简单整合,或者把思政课程的相关内容植入、嫁接到学科课程中。语文、数学、外语、历史、地理、物理、化学、美术、音乐等,每个学科都有其特定的学科属性,尊重、坚守每个学科的学科属性是推动课程思政教学改革的前提,绝不能把语文、历史、数学等学科课程上成思政课。教师需要从各学科课程内容中发现、发掘、提炼思想政治教育的资源、元素、内涵,就如同把散落在泥沙中的珠贝捡拾起来,整理打磨,穿珠成串,让它焕发迷人光彩。

如何在各学科的教材、教学内容中发现相应的资源并有意识地进行教学设计,是课程思政理念落实到教学中的难点所在。这要求既要对学科知识开展深入研究,寻找具体的结合点,更要超越具体的知识点,从更高更广的视野来审视和思考:学科课程可以在哪些方面实现思政功能和价值?或者换言之,可以从哪些方面对抽象而高度概括的"思政"进行分解,将其育人功能融入、落实到学科课程的教学中去?

笔者认为,在学科课程中,至少在四个方面包含具有共性的思政元素,需要在学科课程的教学中发掘其隐含的思政功能和价值。

(一)价值导向

社会主义核心价值观高度浓缩概括为24个字:富强、民主、文明、和

谐，自由、平等、公正、法治，爱国、敬业、诚信、友善。社会主义核心价值观既反映了我国人民在国家建设和社会发展方面的共同追求，又体现了对个人品格的共同要求。不管是哪一门课程，都必须坚持和弘扬社会主义核心价值观，这是课程育人的灵魂。

新世纪开启的新一轮课程改革，提出教学改革的三维目标：知识与技能、过程与方法、情感态度与价值观。这三个目标既各有内涵，又有机统一在一起，反映了新课程目标的多元性、综合性与均衡性。提出"情感态度与价值观"目标，就是强调要以学生的发展为本，培养学生正确的学习态度、高尚的道德情操，形成正确的价值观和积极的人生态度。

在全球化和世界文化相互激荡、价值观多元化的时代背景下，积极弘扬和培育民族精神、强化国家认同，引导学生增强中国特色社会主义道路自信、理论自信、制度自信、文化自信，变得尤为重要和紧迫。教育部历时五年（2012—2017）组织编写义务教育统编三科教材，根本目的即在于全面系统地落实社会主义核心价值观，为此，义务教育阶段语文、历史、道德与法治教材作了一系列改变，加强了爱国主义教育、革命传统教育、中华优秀传统文化教育、法治教育、国家主权意识教育和民族团结教育等方面的内容。

统编三科课程具有较强的意识形态属性，价值导向鲜明且易于在课程、教材中找到内容载体。那么在数学、物理、化学、生物、地理等学科中，如何体现课程思政的理念？其实只要教师有落实课程思政理念、融入社会主义核心价值观的自觉意识，都是可以找到载体，找到结合点和切入点的。

以普通高中生物学科为例，在根据《普通高中生物学课程标准》（2017版）进行普通高中生物学教材修订时，就着重赋予新的时代内涵，加强爱国主义教育，引导学生形成必备品格和正确的价值观，主要体现在四个方面：第一，通过介绍我国科学家的故事来弘扬爱国精神，激发学生爱国志向；第二，通过介绍我国在科技、经济、环境保护、医疗卫生等领域取得的巨大成就来激发学生的强国豪情；第三，通过介绍我国在环境、资源、生物多样性等方面面临的挑战，激发学生的责任感和使命感；第四，通过阐明我国在科技、社会等方面的发展，体现社会主义制度的优越性，培育学生制度自信，进而增进学生的国家认同。新的高中生物教材，对社会主义核心价值观其他内容也力求做到有机融入。比如在实验探讨中要求学生实事求是（不编造数据），培养学生诚信品格；通过"与生物学有关的职业"这一课外阅读栏目，培育学生的敬业精神；通过倡导关爱残疾人、艾滋病患者、遗传病患者等，培育学生友善、平等、公正的价值观……

（二）文化传承

中华传统文化是中华民族在五千多年的社会实践中形成的思想理念、传统美德和人文精神的集合，体现出中华民族特有的思维方式和精神标识。它在历史上为推动民族进步和社会发展发挥过重要作用，时至今日依然具有显著的时代价值。我们要科学辨析传统文化中的精华与糟粕，实现优秀传统文化的创造性转化和创新性发展。传承创新优秀传统文化对于弘扬社会主义核心价值观、增强文化自信文化担当，具有重要意义。我们需要深化对传统文化的科学认知，赋予优秀传统文化新的时代内涵和现代表达形式。

我们培养的面向未来的时代新人，应该既有国际视野，又有家国情怀。为学生打上中华优秀传统文化的底色，让他们将中华优秀传统文化传承下去，是中小学教育的使命，这一使命需要各学科共同完成。在语文、历史、道德与法治等课程中，有大量体现中华优秀传统文化的内容，如在统编小学语文教材中，所选古诗词、文言文的比例均有所提升，还增设专题栏目，安排了楹联、成语、谚语、歇后语、蒙学读物等传统文化内容。统编初中历史教材，内容涵盖中国古代的思想、文学、艺术、科技等诸多方面，涉及历史文化名人 40 多位、科技文化著作 30 多部。统编小学道德与法治教材中，介绍了传统节日、民歌民谣、传统美德、民族精神、古代辉煌的科技成就等内容，增强学生对中华优秀传统文化的理解和认同。

数学、物理、化学、生物、地理等与自然科学相关的学科，同样负有文化传承的使命，可以找到课程思政的切入点。比如在中学地理学科中，就有很多与中国传统文化有关的内容，例如与地理有关的特色民俗、文化遗产等。中国学生发展核心素养体系提出以及普通高中新课程标准出台后，各学科更注重凝练学科核心素养，在传授知识的同时，更加强调讲清知识的起源、学科思想史以及学科知识对于自然与社会发展的意义。中国作为四大文明古国之一，也曾在诸多领域涌现出一批科学家，提出过富含哲理的科学思想，对人类社会发展作出过巨大贡献。发挥课程思政功能，就要在教学中有意识地发掘这些元素，穿插安排相关内容，激发学生的文化自信，让他们正确认识近现代中国发展落后的原因，树立为中华民族伟大复兴而发奋学习的远大志向。2020 年教育部公布了高校招生与人才培养的"强基计划"，特别提出要培养"古文字学"方面的人才。这其实就是在强调中国文脉的传承，不仅仅是科技，优秀传统文化也是中国发展之"基"，需要好好传承与发扬。

（三）品德养成

德国著名哲学家康德认为，教师应该通过技能、明智和道德性三方面的塑造，让学生成为自由行动者。技能、明智、道德性，其实也是学科课程所应达到的目标。这就是人们常说的，教师在学科课程的教学过程中要做到目中有"人"，要关注学生的全面成长。在知识之外，学生还应学会按照准则去行动，学会道德自律，而这也正是康德在道德培养上最为强调的两个方面。

中小学是学生品德养成的重要阶段。学生品德养成需要社会、家庭、学校三方面形成合力，提高学生道德认知水平并在实践中体悟、内化为个人品德和行为表现。就学校教育而言，提高学生品德修养的任务，绝不是仅仅依靠思政课程就能完成的，学科课程及教学在促进学生品德养成方面的作用不容忽视。

以体育课与劳动课为例，体育课程通过让学生参与体育运动项目和相关赛事，不仅要让学生提高身体素质和运动技能，还应让学生从中得到体育精神的熏陶和意志品质的锤炼，学会遵守规则、尊重对手、公平竞争、友善相处，学会文明观赛、互相欣赏、团队协作，培养集体荣誉感和顽强拼搏的精神。劳动课也不只是为了提高学生的劳动技能，更重要的是通过"劳动"这一形式和载体，让学生懂得尊重劳动人民和劳动成果，树立劳动最光荣、劳动最崇高、劳动最伟大、劳动最美丽的思想观念，从而热爱劳动，以辛勤劳动创造财富。从某种意义上说，劳动课程的育人价值已经超越劳动知识技能，成为劳动课程的核心价值。

（四）科学精神与技术伦理

在人才的培养过程中，科学与人文往往是交融、交织在一起的，不可截然分开，二者共同促进人的成长与发展。与自然科学相关的物理、化学、生物、地理等课程，在培养学生实事求是的科学精神、严谨认真的科学态度，形成正确的自然观、生态观、科技伦理观等方面，具有极为重要的作用，这正是课程思政功能的体现。但长期以来，中小学在这些课程的教学过程中缺乏课程思政的自觉意识，对其重要价值认识不足，对相关课程资源发掘、利用不够。

2020年初突发并继而席卷全球的新冠肺炎疫情，让人们重新意识到生命教育、生态文明教育的重要性，开始反思人类的行为。如何正确理解古人"天人合一""天道衡平"的哲学理念？如何正确看待生命、关爱生命？如何正确处理人与环境、人与自然的关系，保护和建设和谐的生态环境？

如何践行绿色低碳的生活方式？如何将"健康中国"和"美丽中国"理念落到实处？与此相关的内容在中学的地理、生物、化学课程中都多有涉及。这些课程的学习，不仅仅要让学生获得专业的学科知识，更要让学生从中受到世界观、人生观的启迪，提高社会责任感和担当意识。

高中的信息技术和通用技术课程，同样富含育人价值。技术是事实与价值的统一。作为人类能动的活动过程，技术不仅是人创造成果的器物，其中还渗透着价值、道德等文化因素。技术教育必须帮助学生厘清这些客观事实背后的道德选择和价值判断，帮助学生建立积极的"人技观念"，促使学生形成技术的德性意识，具有技术的价值感和道德感，能够富有责任、具有道德和科学规范地使用技术。技术教育有助于启迪学生的实践智慧和创新思维，有助于学生的体脑协调、身心和谐和动作技能的学习与发展，有助于学生审美意识的增强、劳动能力的提升和工匠精神的培育。把课程思政作为一个重要的审视维度，有助于全面地把握技术课程的独特育人价值。

四、创新课程思政理念的教学实现方式

如前所述，课程思政是一种在学科课程中有机融入思想政治教育相关内容、实现思想政治教育功能的理念和方式。课程思政不是学科课程与思政课程的"拼盘"，不能将道德与法治课程或高中思想政治课的内容简单地移植、嫁接到学科课程中。

学科课程有其独特的学科属性和本学科的知识体系及思维方法，实施课程思政，必须尊重学科课程的学科属性，不能把学科课程都上成了思政课，这是很多学科课程教师在谈到课程思政时的担忧。因为学科归属、课程性质、教材内容、教学内容有所侧重，学科课程在思想政治教育方面，不可能像思政课程那样追求完整性、理论性、深刻性，而应采用结合式、

穿插式、渗入式的方法,把思想政治教育的内容巧妙地与专业知识学习结合起来,以多点辐射、有机贯通的方法,润物无声地开展思想政治教育。

长期以来,思政课程效果不佳的问题一直为人所诟病。理论与实践脱节、课堂教学不生动、照本宣科空洞说教,这些问题确实广泛存在,也正处于改革改进之中。以小学道德与法治课程为例,据义务教育道德与法治统编教材执行主编高德胜介绍,道德与法治教材按照"由近及远、由浅入深、螺旋上升"的原则,从"家庭—学校—社区—国家—世界"的生活场域逐步拓展,选取学习素材,突出德法兼修,强化实践体验,全面而系统地落实社会主义核心价值观。近年来,大中小学推动思政课改革,思政课堂已经大变样,思政课程的吸引力和育人实效有了较大提高,相比较而言,学科课程具有更为广泛、更为丰富的内容载体,落实课程思政的理念,应该采用比思政课程更为灵活、更为生动的教学方式,取得更好的效果。

在学科课程中落实课程思政理念,在教学层面应把握好两点。

(一)在教的方式上要注重融合、整合

课程思政理念下的学科教学,理想状态是:思政内涵如盐,学科知识如水,盐溶于水,看似无形却无处不在。要达到这样的境界,就需要教师围绕内含某一价值立意的教学目标,按照"为我所用"的原则和知识的内在逻辑,整合利用相关教学素材和资源,在教学方式上切忌空谈大道理和单向的"满堂灌"。

这种融合、整合可从三个层面进行:一是学科知识与学生生活、社会时事热点建立联结。因为人总是生活在一定的社会环境和时代背景下的,把生活与时事热点作为最真实的学习情境,让学科知识与学生的生活实际发生关联,才能激发其情感,触动其灵魂。二是打破学科知识边界,加强学科内部整合及进行跨学科整合,改变知识碎片化的教学倾向,让学生

建构起全面、整体的认知，这样才能让学生从"知识与技能"层面上升到"情感态度与价值观"层面，诸如价值导向、文化传承、品德养成、科学精神与技术伦理这些方面的思政功能才有可能实现。三是要有更宽广的视野，人文与科技交融并重。科技与人文二者互相融合、互相促进，有利于避免科学教育陷入功利主义泥沼，有利于培养学生的完整人格。

这种融合、整合的方式既是课程思政的内在要求，也是当前课程教学改革的导向，在高考命题改革中亦可看出端倪。比如在2019年、2020年的高考命题中，劳动内涵、劳动观念、劳动态度等在语文、英语、历史等科目中得到显著体现；中国传统艺术、文学文艺作品、古代诗歌诗词等经典美学内容被纳入语文、数学等学科的问题情境；当今社会发展、重大科学技术成果、热门话题等成为试题设计背景，引导学生关注社会、关注时代、关注生活。这样的命题思路体现了"价值引领、素养导向、能力为重、知识为基"的高考评价新理念，这与课程思政的追求目标是一致的。

（二）在学的方式上要注重实践、探究

陆游在《冬夜读书示子聿》一诗中告诉人们"纸上得来终觉浅，绝知此事要躬行"。这启示我们，要达到课程思政的目的，不要让学生死记硬背相关概念、教条，而要更多采用实践教学方式，让学生在亲身参与、体验中，将相关理论认知内化于心、外化于行。

美国著名心理学家、教育家布卢姆将学习的认知过程分为六个层次：记忆（回忆）、理解、应用、分析、评价、创造，这六个层次反映了思维由低阶向高阶的过渡，与之相对应，在知识维度，则是从事实性知识、概念性知识向程序性知识和以价值观为核心的元认知知识的过渡。要培养学生完整人格、促进学生高阶思维发展，那么在教学过程中就应侧重让学生在分析、评价、创造的过程中实现思想观念、价值体认的"进阶"，借鉴综合课程及PBL（项目式学习）的学习方式，尽量创设情境让学生动手动

脑、亲身参与，或围绕某一课题或主题，综合运用所学的各学科知识去解决问题，完成任务。

这样的学习方式，在各学科课程中都是可以落地的。以"垃圾分类"问题为例，目前上海、北京等46个首批城市已经开始实行垃圾分类，各地制定了垃圾分类相关地方性法规。实施垃圾分类对于普及生态文明理念、促进学生养成健康生活方式具有重要意义。2020年6月实施的《北京市生活垃圾管理条例》指出："教育部门应当将生活垃圾减量、分类、处理的知识，纳入中小学校及学前教育教学。"除了在课堂上讲解垃圾分类相关知识，语文、数学、地理、生物等学科，更可以开展相关实践教学，如学生可以编写材料，上街进行垃圾分类相关知识的宣传；可以针对本小区垃圾分类的情况写一份调查报告；可以跟随环保部门了解分类后垃圾的处理过程，提交一份垃圾无害化处理及转化利用的提案，如此等等。在完成这样的学习任务的过程中，学生心灵上受到的触动、学习到的相关知识，是课堂上所不能提供，至少是不能完全提供的。

2020年初爆发的新冠肺炎疫情以及我们抗击疫情的过程中发生的事情，对广大中小学生而言，更是一场生动鲜活的爱国主义教育、文明生态教育、生命教育、责任教育和自律教育。把抗疫作为教育素材，把社会当作大课堂，课程思政的理念在各学科的学习中都能找到合适的融入方式：劳动课程，可以根据学生年龄特点和家庭环境，设计抗疫期间居家劳动实践项目，开展日常家务劳动、亭台绿植养护、居家手工制作、职业体验劳动等，发挥居家劳动的独特育人价值，促使学生养成积极的劳动观念和日常劳动习惯，培养劳动精神；语文课程可以指导学生阅读抗疫期间"最美逆行者"等各行各业英雄模范人物的报道文章、诗歌，联系课本中体现家国情怀、人间大爱的文章，写下自己的感受体会；生物、化学课程，可以指导学生搜索研究病毒的起源、传播途径以及预防措施等，学会科学防疫的措施，认识到遵守规则、团结合作的重要性；外语课程可以通过观看小视频等方式，了解世界各国疫情发展状况，以及东西方价值观念的不同；数学课程可以利用数理统计方法，建立数学模型，分析疫情发展变化趋势，比较中国与其他国家疫情发展变化的不同，分析中国疫情控制成功的经验，从而深刻体会"把人民生命安全和身体健康放在第一位"的执政理念和社会主义制度的优越性，树立道路自信、理论自信、制度自信与文化自信，认清一些西方国家推行双重标准、胡乱推卸责任的嘴脸……

如何找到学科内容与思政内涵的结合点、如何探索创新教学方式与学习方式，关键取决于教师的思想政治素质与能力水平。教师头脑中有学科育人的概念，有落实课程思政理念的自觉意识，才能让学科教学闪烁价值引领之光，学科课程与思政课程形成合力，培养德智体美劳全面发展的新时代建设者和接班人。

（原载于《课程·教材·教法》2020 年第 11 期）

提升社会大众对统编三科教材的认知水平

统编三科教材的关注者除了教育圈内教材的使用者、研究者，教育圈外泛在的社会大众也是重要人群。教师和研究者对教材的认知水平较高，而社会大众则存在认知上的偏差并容易引发负面的教育舆情。据此，应加强宣传引导，形成统编三科教材建设是"国家事权"的认知，以整体性、综合性视角看待统编三科教材及基础教育课程改革，以与时俱进、科学求实的态度看待统编三科教材的变化，提升社会公众对统编三科教材的认知水平。

由教育部组织编写的义务教育语文、历史、道德与法治三科教材经国家教材委员会审查通过后，2017年9月开始在全国各地中小学起始年级统一使用。2019年9月，统编三科教材实现义务教育所有年级全覆盖。

统编三科教材自面世以来就成为社会关注的热点话题，其受关注度超过了新中国成立以来历次中小学教材的改革、改版。教材的改革关系到青少年的成长，与每个家庭和学校有着天然的紧密联系，能唤醒和激发每个人的教育情结。如何正确认识和回应社会大众对于统编三科教材的关切，让全社会对统编三科教材形成正确的认知，直接关系到统编三科教材的使用、落地及立德树人根本任务的落实。认真分析研究统编三科教材的舆情传播特点，做到对应施策，有助于在全社会形成良好的教育氛围和育人环境，推动中小学课程及教学改革。

一、两个群体对统编三科教材的不同认知

关注统编三科教材的群体,按照身份特征及与统编三科教材的关系,可以分为两个群体:一个是中小学的教师、学生及各级各类教科研人员、教育管理人员,他们直接与统编三科教材打交道,是教材的使用者或研究者;另一个是泛在的社会大众,包括现在及曾经的学生家长。围绕统编三科教材,形成了教育圈内、圈外两个"舆论场"和两种对话交流方式。

(一)教育圈内统编三科教材使用者、研究者的认知特点

使用统编三科教材的教师、学生,以及相关教科研人员、教育管理者等,他们关注统编三科教材,主要聚焦于如何理解教材及使用过程中遇到的问题、存在的困惑,虽然也存在一些矛盾和分歧,但都属于教材编写者与使用者之间的专业对话与交流。在这方面,一直存在着畅通、高效的沟通交流机制和通道。统编三科教材投入使用后,教育部组织教材编写专家及教育行政部门人员兵分多路赴全国各地进行多轮实地回访和跟踪调研,开展问卷调查。结果显示,近90%的学生表示喜欢统编三科教材,认为新教材内容丰富有趣、语言优美、图文并茂、能启发思考;教师对新教材总体满意度达90%,对教材的思想立意、内容选材、呈现方式等给予了较高评价。教育部还专门组织举办了多期培训班,请教材主编或编写人员、审查专家、试用试教的特级教师和教研员进行现场培训与指导,为教师答疑解惑。承担统编三科教材出版任务的人民教育出版社也开通了收集反馈意见的渠道。

教师、学生及教科研工作者、教育管理者,他们对三科教材实施统编的重要意义、价值和改革背景有较为深刻的认识,因而围绕统编三科教材形成的各种意见表达、交流与沟通,主要基于专业性与建设性方面的考虑,更多的是以肯定统编三科教材为前提,客观、理性地就事论事,并未

形成负面舆情,针对这个群体的相关宣传报道目标明确、渠道通畅、内容准确严谨,取得了较好的效果。

(二)教育圈外泛在的社会大众的认知特点

在教材使用者、研究者之外,无明确身份特征的社会大众构成了关注统编三科教材的另一个群体,他们分布在社会的各行各业,其接收信息、发表观点和传播信息的途径主要是网络,以微信、微博、网络平台客户端为主阵地。他们对于统编三科教材的一些评论和传播行为,是统编三科教材成为社会热点话题的主要推动力。

统编三科教材成为社会关注的热点话题,从侧面说明了社会大众对教材改革、课程改革的重视,需要辩证地看,具体问题具体分析。比如,统编历史教材将"八年抗战"的表述改为"十四年抗战"(即将抗日战争的开始节点由1937年的"七七事变"改为1931年的"九一八事变"),这一基于史实的改变在全社会引发热议,《人民日报》等权威媒体通过宣传报道,从多角度阐释了"十四年抗战"提法的理论依据及重大意义,广大网民纷纷在微博、微信等社交媒体上发表自己的意见,绝大部分是表示赞同的。这一由统编历史教材引发的热点话题,激发了青少年乃至全社会的爱国热情,是一次很好的爱国主义教育。

但是,不可否认,一些发端于网络社交媒体、围绕统编教材选文变动及内容调整的相关信息和评论,在网上大量、快速传播后,也引发了负面舆情。仔细分析这些舆情可以看出,这个群体对于统编三科教材的认知具有以下特点:其一,对统编三科教材文本缺乏全面、深入的了解,一些言论建立在道听途说、断章取义的基础上,以讹传讹;其二,一些人对统编三科教材的评论,建立在自己过去的学习经历和记忆的基础上,对改变有种抗拒心理,"我们上小学的时候都学过这篇文章,怎么就没有了?"就是这种心态的典型表现;其三,极少数别有用心的人故意混淆视听,恶意攻击统编三科教材，将客观、理性的讨论引向非理性的情绪宣泄。

总体来看，教师、学生、教科研人员和教育管理者对统编三科教材的认知水平较高，交流沟通和舆论宣传效果都较为理想；泛在的社会大众对于统编三科教材的认知参差不齐，认知上的偏差是导致其观点、态度、情绪背离客观和理性，进而引发负面教育舆情的主要原因。

二、提升对统编三科教材的认知水平

要最大限度地获得社会认同、营造良好的教育氛围、发挥好统编三科教材的育人效果，就需要对教育舆情进行合理引导和科学应对，使教育圈外泛在的社会大众对统编三科教材形成正确认知。

（一）形成统编三科教材建设是"国家事权"的认知

党的十八届三中全会通过的《中共中央关于全面深化改革若干重大问题的决定》明确指出，我国要"明确事权，建立事权和支出责任相适应的制度"。2016年12月，习近平总书记在全国高校思想政治工作会议上指出："教材建设是育人育才的重要依托，建设什么样的教材体系，核心教材传授什么内容、倡导什么价值，体现国家意志，是国家事权。"为了落实这项国家事权，2017年7月，国务院决定成立国家教材委员会，教育部组建成立了教材局，并成立了课程教材研究所。

国家事权是国家权力的重要组成部分，教材建设作为国家事权，对国家而言，明确了国家在教材建设过程中的主体地位；对教材而言，必然会体现国家权力的某些具体特征。教材体现国家意志，教科书不是学术专著，其中只有编写者对国家政策方针、教育思想的理解，绝不允许有私人的非政府观点。

在经济全球化时代，中国要培养认同自己国家、认同自己文化的合格建设者和可靠接班人。教育具有塑造未来的功能，教材是规范教育最主要的工具，因此教材必须体现国家意志。

三科教材意识形态属性强，具有极其重要而特殊的育人功能。贯彻党的教育方针，落实社会主义核心价值观，服务于立德树人根本任务，是统编三科教材必须坚守的国家意志。国家意志与人民意志具有统一性，国家权力是人民群众集体认同和赋予的，但国家意志不等于个人意志的加总，当认知发生冲突，个人意志、集体意志必须服从于国家意志。站在这样的高度，有了这样的认知，面对从儿时记忆或个人偏好出发的诸如"古诗词到底是多了还是少了""我们以前学过的某篇课文怎么没有了"的话题时，我们自然就会明白应持何种态度。

（二）以整体性、综合性视角看待统编三科教材及基础教育课程改革

基础教育课程改革与统编三科教材建设的根本指向是育人，这一目标指向决定了基础教育各项改革需要综合协调、整体推进。习近平总书记在2019年3月18日召开的学校思想政治理论课教师座谈会上指出："要坚持显性教育和隐性教育相统一，挖掘其他课程和教学方式中蕴含的思想政治教育资源，实现全员全程全方位育人。"义务教育语文、历史、道德与法治三科在思想政治教育方面发挥着独特作用且有共通性，都强调中华优秀传统文化、革命文化和社会主义先进文化教育。有些学习内容，是放在语文学科还是历史、道德与法治学科，放在哪个学习阶段，可以根据学科内容特点、学生所处年龄阶段进行整体统筹安排，不一定要划出泾渭分明的学科界限。以古诗词为例，在体现爱国主义和家国情怀方面，语文四年级上册第七单元安排了唐代王昌龄的《出塞》和宋代李清照的《夏日绝句》，历史七年级下册第二课《从贞观之治到开元盛世》用了唐代诗人杜甫的《忆昔（其二）》；在体现珍惜亲情友情、热爱自然山水等方面，不仅是语文，在道德与法治及历史教材中都有相关的古诗词；同时，很多英雄

人物，如岳飞、林则徐、董存瑞、雷锋等，在语文教材中有相关课文，在道德与法治或历史教材中也出现过。这种安排，体现了教材编写服务于教育主题的整体性、综合性特点。

认识到统编三科教材的这一特点，就不难理解三科教材中相关内容的调整意图了。一方面，某些重要历史人物或历史素材可以进行强化性的安排；另一方面，为了避免不必要的交叉重复，可以根据学科特点统筹安排教材内容，进行适当的增删调整。比如，统编语文教材删除了大家比较熟悉的原人教版初中语文教材中的文言文《陈涉世家》，一时引起社会大众热议。人民教育出版社回应称：陈胜、吴广起义是初中历史必须讲述的内容，统编初中历史教材七年级上册在《秦末农民大起义》一课专列"陈胜、吴广起义"，详细介绍陈胜、吴广大泽乡起义，并引述了名句"王侯将相宁有种乎"，这些内容与《陈涉世家》有重复，考虑到《史记》在中国文学史上的重要地位，初中语文统编教材在八年级上册从《史记》中选择《周亚夫军细柳》一文替换《陈涉世家》。《周亚夫军细柳》刻画了周亚夫治军严明、令行禁止、不畏权势的形象，文章篇幅较短小、情节性较强，比较适合初中文言文教学。

统编语文教材除了对一些课文进行增删外，还有一些课文经过专家研究，结合学生不同年龄段的认知特点、学习难度等情况作了顺序上的调整。社会大众的很多批评、引发的负面舆情，实际上都是因为对统编三科教材缺乏整体的认识造成的。如果没有整体观、大局观，仅从个人角度出发，不管是哪篇课文被拿下、哪部分内容被删除，都会有人反对。当前的基础教育改革中存在这样一种倾向，即不同部门和个体从自身的角度出发，都觉得某方面的教育内容应该进学校、进课程、进教材，但是站在全局的角度看，这些内容的重要性、必要性就大打折扣了。试想，如果教材里以前有的内容都不能减，一些反映社会进步的先进文明成果又要不断加进来，教材岂不是只能越编越厚？减轻学生过重的学习负担从何谈起？

（三）与时俱进、科学求实地看待统编三科教材的变化

中小学教材应保持一定的连续性、稳定性，但这并不意味着教材只能墨守成规、一成不变。统编三科教材的编写应体现时代性，在继承发展的基础上守正创新。这就要求统编三科教材充分体现以习近平同志为核心的党中央治国理政的新理念、新思想、新战略，按照不忘本来、吸收外来、面向未来的要求，既要使经典篇目世代相传，也要反映经济社会发展、科技进步和马克思主义中国化最新成果，还要有前瞻性、有国际视野。

三、正确看待统编三科教材的新变化，引导社会舆论

统编三科教材的新变化，首先体现在编写理念上的变化，而内容的调整是与理念变化相统一的。例如，道德与法治教材更加强调贴近学生生活场域，引导学生德法兼修、强化实践体验，全面、系统地落实社会主义核心价值观；语文教材采取"语文素养"和"人文精神"两条线索相结合的方式编排，"语文素养"强调听、说、读、写的基本知识和能力，"人文精神"重在选文的思想性，发挥语文学科独特的育人价值，以文化人；历史教材按照"点""线"结合的方式编排教学内容，强调通过历史学习培养唯物史观，让学生了解和热爱祖国的历史和文化，增强爱国主义情感，坚定社会主义信念。与过去的教材相比，用一句话即可概括统编三科教材的共同特点：更加凸显学科核心素养和价值观的教育，而不拘泥于具体的知识点的学习。教材编写的指导思想、凸显的重点发生变化，各学科的内容自然也会相应作一些增删与调整。例如，历史教材加强了国家主权意识和海洋意识教育，以史实为依托，讲述西藏、新疆、台湾及钓鱼岛、南海诸岛等作为我国领土不可分割一部分的历史渊源，这种变化、调整就是编写思想的具体体现。

统编三科教材的新变化还体现为编排体例上的不同。例如，语文教材一至六年级每册有六至八个单元，由课文、口语交际、习作、语文园地等组成，其中语文园地包括"日积月累""字词句运用""书写提示"等栏目；七至九年级每册有六个单元，包含阅读和写作两大板块，各单元穿插安排"口语交际""综合性学习""名著导读""课外古诗词诵读"等栏目。历史教材每课以正文为主体，辅以功能性栏目，拓宽学生视野，指向学生学科核心素养的培养。道德与法治教材也有许多小栏目。不少社会人士、网民所反映的"消失"了的内容，其实只是从传统的课文、"正文"转而安排到相关的栏目中了。如2017年统编三科教材刚投入使用时，网上有讨论称，有关张衡和地动仪的内容被删除了，而实际上，历史教材七年级上册在《两汉的科技与文化》一课中专门设计了相关活动，具体内容及要求如下：

东汉张衡发明创制出世界最早的地震仪器地动仪。但是，这个地动仪早已毁损失传。后来，人们根据《后汉书》的记载，结合自己的研究，做出了各不相同的地动仪复原模型。请搜集不同的复原模型，并尝试理解这件古老的验震器的设计原理。

教材希望通过这些要求，引导学生以实践探索的方式更好地了解张衡及地动仪的相关知识，体会中国古人的智慧，增强民族自豪感，提升自身的综合素质。不仅如此，道德与法治教材五年级上册在《古代科技耀我中华》一课专门讲述了张衡的故事，并且设置了相关栏目，介绍国际上用张衡、祖冲之的名字命名了月球上的环形山。

从课文、教材正文无所不包到设置众多板块和栏目、开展各种学习活动，正体现了从以教为中心到以学为中心的教学理念的变化。教学方式的转变，有利于引导学生开展实践性、探究性学习，那种在课文中找不到某方面内容就认为是不重视的人，其思想观念和对教材的认知还停留在照本宣科式学习的时代。

统编教材还有一些调整变化是基于科学性要求的。例如，以前的历史教材在讲到中日甲午战争时，都提到致远舰是被鱼雷击中的，但是史学家对这个细节进行仔细研究，查看了作战双方的航海日志后，最终确定炸沉致远舰的不是鱼雷而是炮弹。义务教育统编历史教材执行主编叶小兵认为，教材编写是非常专业的，学科有了最新的研究成果，教材一定会发生变化。可以说，教材的这种变化更符合史实了。

社会大众对统编三科教材的关注和热议，是基于个人受教育经历和学习经验的，他们对教材已经形成固化的理解和惯性思维，当发现教材有新变化时，会不自觉地去探讨其合理性。相对于使用教材、研究教材的师生和教科研人员而言，泛在的社会大众对统编三科教材的指导思想、编写理念、特点及体例等缺乏深入了解和正确认知，因而其意见表达很容易陷入与客观事实不符的非理性的误区。他们看到了知识点的变化，却没看到知识点变化背后的东西。这说明，由统编三科教材的变化引发的教育舆情，绝大多数情况下并不存在思想意识上的根本对立，只是一场因为认知偏差和信息不对称而引发的"误解"，解释清楚后就都可以理解了。

这从另一个角度也说明，还需要加大对社会大众的宣传力度，以增进他们对统编三科教材的了解、提升其认知水平为重点，加强教育舆情的收集和研判，努力探索移动互联网时代信息传播的新方式、新途径，利用各种信息发布平台及时回应、引导舆论，让教育圈内、圈外两个"舆论场"同频共振，为统编三科教材的使用、落地和进一步改进、完善创造良好的环境，形成育人的合力。

〔原载于《基础教育课程》2019年第9期（上半月）〕

发挥科学教育的价值导向功能

习近平总书记在2019年3月18日召开的学校思想政治理论课教师座谈会上发表重要讲话指出:"要坚持显性教育和隐性教育相统一,挖掘其他课程和教学方式中蕴含的思想政治教育资源,实现全员全程全方位育人。"这里的"其他课程",指的是思政课之外的学科课程,在中小学国家规定必修课程范围内,就是语文、数学、外语、历史、地理、物理、化学、生物、音乐、体育、美术、信息技术与通用技术等课程。

对于语文、历史、外语、音乐、美术、体育这样人文社科属性明显的学科,价值导向较为明晰,发掘学科知识中蕴含的育人元素相对容易,但是对于物理、化学、生物、地理、信息技术等自然科学属性明显的学科,如何作出价值判断,如何在学科教学中发掘育人元素,体现出科学教育的价值导向性,难度则更大一些。一些学科教师甚至认为,自然科学具有客观真理性、价值中立性,在自然科学学科教学中没有必要也无法进行价值教育。这些情况表明,人们对于科学教育的价值和功能在理论认识上还存在误区,在学科教学的理念和方式方法上有待探索研究,急需找到一条知识性与育人性有机融合的教学之路。

一、正确认识自然科学的价值性

自然科学是"研究自然界各种物质和现象的科学,包括物理学、化学、动物学、植物学、矿物学、生理学、数学等"。科学的价值中立论者认为，自然科学探究的是纯粹的事实问题，科学研究重事实讲道理，以客观事实的观察为基础，探寻现象背后的原因，揭示现象发生或变化的内在规律。要保证科学探究的客观性和自主性，在研究过程中就要摒弃不同意识形态和价值观念的影响，科学研究的结论，亦是超越意识形态和价值观念而存在的。这一观点并没有错，但是，这并不意味着在自然科学领域不存在价值判断的问题。自然科学研究本身是中立的、没有任何感情及政治色彩，但自然科学是人类生产生活发展过程中的产物，自然科学的核心问题是人与自然的关系，自然科学与人的认知、情感、态度，与人类的社会生活是密切联系在一起的，自然科学的价值只有通过人才能够得到体现，正因如此，科学的价值中立论遭到越来越多的批驳和反对。

很多人都听过一个故事：上世纪60年代，一位普林斯顿大学的学生记者、物理系学生采访爱因斯坦，问他："作为当代最伟大的科学家，您觉得什么是这个时代最重要的科学问题？"爱因斯坦思考了很久后告诉他："年轻人，如果真有什么最重要的科学问题，我想就是——这个世界是善良的还是邪恶的。"这个学生说："爱因斯坦先生，这难道不是一个宗教问题吗？"爱因斯坦说："不是，因为如果一个科学家相信这个世界是邪恶的，他将终其一生去发明武器、创造壁垒，创造伤害人的东西，创造墙壁，把人隔得越来越远。但如果一个科学家相信这个世界是善良的，他就会终其一生去发明联系，创造链接，发明能把人连得越来越紧密的事情。"

爱因斯坦实际上是告诉我们应该从哪个角度去认识科学的价值。怀特海则讲得更明白："价值判断不是自然科学的构成部分，但它们是自然科学的产生动机的一部分。人类建起科学大厦，是因为他们断定这样做是值得的。"换言之，科学产生的动机牵涉无数的价值判断。此外，人们会有意识地选择自己耕耘的科学领域，这种有意识的选择即包含价值判断。这些价值可以是美学上的、道德上的抑或功利上的，即可以是关于结构之类的判断，可以是关于探索真理之责任的判断，也可以是关于满足物质需求的判断。但无论是何种动机，没有价值判断就不会有科学。

由此可见，自然科学同样离不开价值判断，这种价值判断，不是体现在科学研究的过程和科学研究的结论上，而是体现在科学研究的动机选择上。自然科学除了具有真理价值，还具有应用价值。人是科学知识的使用者，科学知识掌握在什么样的人手中、如何使用科学知识，将会带来正负两种不同的效应，给人类社会生活带来极大的影响，例如对科学技术的盲目追求和应用，可能带来环境污染、自然生态平衡遭到破坏等恶果。认识到自然科学客观真理性与价值导向性合一的特点，是开展科学教育的基础。

二、树立正确的科学教育价值观

从科学教育的角度看，科学的客观真理性主要表现为知识性，价值导向性则主要体现为教育性或曰育人性。学科知识是显性的，而育人性则具有隐性特征。当前的现实状况是，物理、化学、生物、地理、数学等科学学科的教学中普遍存在育人性弱化乃至缺位的情况，这与全方位、全学科育人的指导思想是相背离的，也不符合当前课程教学改革的理念。

科学的本质不仅体现在科学知识、技能和方法上，而且体现在知识获取的探究过程以及科学、技术与社会的关系中。依据新一轮课改提出的教育教学的"三维目标"理论，包括科学教育在内的任何学科，在教育教学过程中都应该达到三个维度的目标，即：知识与技能、过程与方法、情感态度与价值观。"三维目标"是一个教学目标的三个方面，而不是三个独立的教学目标，它们是统一的不可分割的整体。情感态度与价值观，既是课堂教学的目标之一，又是课堂教学的动力系统。情感体验、态度形成、价值观的体现，是在知识与能力、过程与方法目标基础上对教学目标深层次的开拓。从布鲁姆教育目标分类学来看，情感态度与价值观目标，在认知维度上更多对应着"分析、评价、创造"这样相对高阶的思维方式，在知识维度上，则更多对应着相对复杂的元认知知识。从学生发展核心素养的角度看，在学科教学中唤醒学生的情感体验、形成正确的人生态度和价值观，是培养学生"必备品格"的重要途径。在科学教育中落实"三维目标"，重在补齐"情感态度与价值观"这块短板。

从科学教育的价值观来看，自然科学方面的课程除了教给学生科学技术知识和科学过程方法外，更重要的是培养正确的科学思想。科学思想的重点不在具体的科学事实、概念和原理、规律，而在深层的哲学和文化内涵。一种科学思想往往会决定几代甚至十几代人的思维方式，对他们的世界观、人生观和价值观产生巨大影响。

从构建正确的科学思想和科学教育价值观出发，应坚持两个原则。

其一，在目标追求上做到求真与求善统一。

"真"即客观性、真实性、科学性和实证性，"善"则是调整人与人、人与自然、人与社会关系的行为规范，属于道德伦理范畴。数理化等自然科学学科强调求真，而政治、历史、语文等人文类学科，求善倾向更为明显。不论哪类学科，二者虽有侧重但缺一不可。本质上，求善就包含求真，最大的求真就是根本的求善。在现实中，求真的知识教学和求善的德性涵养是可以统一的，教科书既可以做到确保真实、符合科学性标准，也可以做到力争良善，符合道德性标准。但是在实际的教育教学过程中，做到求真相对容易，因为求真多是认知层面的任务，目标明确，知识体系及评价标准也比较明晰，而求善是情意层面的任务，难以把握和评判，因为缺乏显性和量化的评价标准，在教育过程中容易被弱化、虚化。因此，对科学教育而言，坚持求真与求善统一，重点和难点在于坚持求善的目标引领和方法研究。

其二，在教学理念上做到科学与人文交融。

在人类社会发展进程中，科学与人文始终是相互依存、相辅相成的。科学为人文奠基，人文为科学导航。科学教育不能摒弃人文知识而独存，科学只是我们认识世界的方式，我们使用科学技术的目的是改造自然，推动社会进步，同时还要警惕因科学技术应用不当而造成的生态失衡、环境污染、能源危机等问题及道德滑坡、人性泯灭、信仰迷失、理想坍塌等社会问题。科学与人文融合，有助于我们反思科学的本质，反思科学教育的本质，深化对科学诸要素的理解与认识，为科学教育变革和发展带来一系列启示。从思维发展的角度看，自然科学思维方式注重逻辑推理演绎，追求严谨性、实证性，而人文科学的思维方式更富有创造性、实践性和想象力，更加灵活，人的主观能动性在其中发挥着更大的作用。两种思维方式互相补充、互相激发，往往能带来意外的突破。古今中外，一大批科学家在自然科学领域卓有成就，在人文科学领域亦有深厚造诣。在科学发展史上，因人文、艺术思维激发灵感而导致科学研究上获得重大突破的佳话不胜枚举。

三、如何实现科学教育的价值导向功能

科学教育的价值导向功能，应融于科学教育知识体系中而不是挂载、附着于科学教育知识体系之外，因此，简单仿效人文学科的一些做法，或者将思想政治教育的一部分内容嫁接到自然科学学科的教学中，都是不可能获得良好效果的，反而会让人觉得牵强附会，有种违和感。实现科学教育的价值导向功能，应该从科学学科自身的知识体系和教学方法入手，找到有本学科特色的实现方式和落地途径。

（一）深入发掘教材内容的育人因素及价值内涵

课程标准和教材是学科教学的基本遵循和最重要、最基本的依托，某

种意义上也是学科教学的顶层设计。这一顶层设计，对于科学教育的育人功能、价值导向功能已有充分考虑，因此，深刻理解课程标准、充分发掘教材内容中的育人元素是基础，是根本。

《中国学生发展核心素养》从"培养全面发展的人"出发，将学生发展核心素养分为文化基础、自主发展、社会参与三个方面，其中自主发展方面要求"学会学习"和"健康生活"，文化基础方面要求具有"人文底蕴"和"科学精神"，社会参与方面要求具有"责任担当"和"实践创新"。这是所有学科课程的共同指向，也是所有学科课程都应为之努力和贡献力量的总目标。

作为学生发展核心素养的下位目标，学科核心素养是学生发展核心素养的学科化。新修订的《普通高中课程标准》（2017年版），自然科学学科均将"科学态度"与"社会责任"列为学科核心素养的内容，如物理学科核心素养提出要培养学生"科学态度与责任"（含科学本质、科学态度、社会责任要素），关注技术应用带来的社会问题，提高学生的社会参与意识和社会责任感；化学学科核心素养包括"科学探究与创新意识""科学态度与社会责任"，前者从实践层面激励学生勇于创新，后者进一步体现了化学学习更高层次的价值追求，课程标准还要求学生"具有节约资源、保护环境的可持续发展意识，从自身做起，形成简约适度、绿色低碳的生活方式"；地理课程标准提出培养学生正确的人地协调观，即人们对人类与地理环境之间关系秉持的正确的价值观；生物学科课程标准提出"树立和践行'绿水青山就是金山银山'的理念，形成生态意识，参与环境保护实践"，"关爱生命"，形成"造福人类的态度和价值观"等。与课程标准相对应，自然科学各学科在教材中均通过正文内容或课外阅读等栏目设计及习题，有机融入社会主义核心价值观，加强爱国主义教育，引导学生形成必备品格和正确的人生观、价值观，提升教材的育人功能。

以高中生物学科为例，教材通过"科学家访谈""科学家的故事"，采访和介绍了施一公、袁隆平、许智宏、方精云、杨焕明、马世俊等科学家投身科研、艰苦攻关的经历，表现了他们的爱国情怀、敬业精神和严谨求真、持之以恒的科学精神，同时精选介绍了近年来我国在生态环境建设、生物工程技术等方面取得的重大科技成就，有利于激发学生的学习兴趣和爱国热情、民族自豪感，认识到社会主义制度"集中力量办大事"的优越性，增强制度自信。教材还通过介绍杂交水稻、遗传病检测与防治、克隆技术与基因工程发展等，引导学生认识到科学技术的两面性，树立正确的科学技术价值观，同时结合十九大报告，在教材中通过一些栏目体现生态文明思想，培育学生建设"美丽中国"的责任担当，渗透"健康中国"理念，引导学生以科学态度理性分析相关社会议题。

中华优秀传统文化的融入，让科学教育有了"中国底色"，能提升学生的民族认同和国家认同感，增强民族自信和中国自信。这在自然科学各学科中均有不同程度的体现。以小学数学为例，我国古代数学中勾股容方、鸡兔同笼、海岛算经等问题，都充分体现了数学文化与生活实践密切结合的特点，体现了劳动人民的智慧。比如，在小学三年级"位置与方位"知识点，教材通过"你知道吗"栏目介绍了我国古代发明司南、罗盘和指南针，让学生了解古代的科学技术成就；在小学四年级"对称轴"知识点，通过"你知道吗"栏目介绍了赵州桥，让学生领悟我国古代建筑中的对称之美和数学文化；在小学五年级"约分"知识点，通过介绍《九章算术》的"更相减损术"，让学生了解我国古代数学家求最大公约数的算法和智慧。

当下，教材内容设计情境化已经成为共识和发展趋势。对科学教育学科教材进行梳理可以发现，这些带有价值导向和育人内涵的元素，大多数不是进行直白的宣教，而是通过背景情境和问题探索情境设计而自然融入的。一本教材中大大小小的情境（导入性情境、解释性情境、项目情境）可能有数十个甚至更多。情境化设计既增加了文本的可读性，又为学生理解概念和原理搭建了脚手架，成为学习者已有经验和现实世界之间的中介，这种情境除了具有智育价值外，还具有重要的德育价值。科学教育情境中隐含的德育功能尚未得到充分的重视，教师在教学时应认真思考，教材设计这样的情境而非那样的情境，背后有何深意？如何在教学过程中，通过启发、引导，让隐性的科学价值教育显性化。

（二）在实践教学和科技探索活动中体悟科学教育价值观

通过观察和实验等实践活动认识自然，这是科学教育的基本方式，这一过程也是体悟科学思想和科学价值观的内化的过程。探究式的学习有利于激发学生对自然的好奇心和对科学的求知欲，让学生体验科学探究过程的艰辛与愉悦，更好地认识科学、技术与社会的关系。因此，自然科学学科应高度重视实践教学和科技探索活动设计，创设富有价值的问题情境，并将科学思想和科学教育价值导向有机融入其中。

格林奈尔认为，在"做科学"与"教科学"过程中，人们实际上就是在教、学"观察方式"和"做人的方式"。物理、化学、生物等学科做实验的过程，可以让学生学会严谨认真、实事求是的科学态度，正确看待成功与失败，培养锲而不舍的求索精神，还可以结合当前各种学术不端行为的新闻事件，警示学生严格遵循学术规范要求，恪守学术道德和技术伦理，不做违背学术诚信的事。

对于科学技术应用可能带来的正反两种效应，只有在具体问题的科学探究过程中才能体会得更加真切、更加深刻，也只有在亲身参与过程中，才能体悟到科学技术的发展应用与包括自己和家人在内的每一个人息息相关，意识到人文理性在科学技术发展中的不可或缺。科学技术背后渗透着价值、道德等文化因素，在科技探索活动或实践教学过程中，教师要引导学生厘清科学知识、客观事实和科技成果背后的道德选择和价值判断，让学生能够富有道德感和责任感地、科学规范地使用科学技术。

（三）在整合、拓展、延伸中深化科学教育价值导向

跨界交叉融合是当前自然科学发展的重要趋势。科学教育的内容应注意科学知识的多元性、联系性、动态性、生成性和开放性，加强横向联系，体现一定的综合性。在数学、物理、化学、生物、信息技术等彼此之间本来就有着密切关联的自然科学学科间进行跨学科整合，有利于培养学生的创新思维，将自然科学知识与学科发展史、科学哲学及科学社会学等相关内容进行整合，更能"画龙点睛"，升华科学教育的价值导向功能。

在"大课程"改革理念下，课程资源及教学组织方式与过去有很大不同。语文、历史、思想政治等学科所强调的"用教材教而不是教教材"的理念，在科学教育中同样适用，教师在课本知识之外，应从知识性与育人性两个维度进行适度的拓展延伸，现实生活实例、社会事件及时政新闻等，都可以进入课堂，成为教学资源。科学教育的内容要及时反映科学技术进步和发展的最新成果，关注人们对科学的认识与理解的变化，关注社会发展的新情况和新问题，从道德、伦理及价值观角度去思考科学发展，引导社会与时代的发展。以 2020 年抗击新冠肺炎疫情的斗争为例，有关疫情的流行病学调查统计分析、病毒传播规律与防疫措施、火神山和雷神山医院选址与设计、负压病房的建设、疫情在全球的传播规律等，完全可以和数学、生物、化学、地理、物理的学科知识学习结合起来，让学生在学习科学知识的同时，树立生态环境保护观念和人类命运共同体概念，理解中国传统文化中"天道衡平"的观念，提高规则意识，懂得尊重生命、敬畏自然，体会到病毒的残酷和抗疫"逆行者"的伟大崇高，以及社会主义制度在推进重大科研项目和保护人民生命安全方面的优越性。

从课内向课外拓展，从科学概念、知识和原理向生活实践延伸，科学教育的育人性就会由暗渐明，由隐向显，价值导向功能就会"盐溶于水"般得以深化和落实。

〔原载于《基础教育课程》2021 年第 6 期（上半月）〕

专家访谈：如何发挥好统编三科教材的育人功能

访谈对象：

韩震：国家教材委员会委员、德育一体化专家委员会主任、北京外国语大学原党委书记

王欢：全国政协委员、中国教育学会副会长、史家教育集团校长

教育部统编语文、历史、道德与法治三科教材，这是中小学教材建设的一件大事，也是贯彻落实立德树人根本任务的重大举措。中小学教师、校长对三科教材有什么看法？怎样才能更好地发挥三科教材的育人功能？记者就此话题采访了国家教材委员会委员、德育一体化专家委员会主任、北京外国语大学原党委书记韩震和全国政协委员、中国教育学会副会长、史家教育集团校长王欢。

一、新教材深受广大教师学生欢迎

记者：统编教材投入使用后，老师和学生们对新教材有什么看法？

王欢：老师们都说很喜欢新教材。老师们的看法，归纳起来有三点：

一是教材注重社会主义核心价值观教育，一些小故事、小情景的设计更贴近儿童生活实际；二是新教材可操作性、指导性强，一些新的栏目设置很受欢迎；三是老师和学生都特别喜欢教材中留白的设计，它方便学生做批注、笔记，也让孩子们有更多的自由创造的空间。

记者：王校长，您是语文教师出身，语文教材有什么改变让您印象深刻？

王欢：我经常听语文老师讲课和讨论，有四点印象很深：一是教材特别关注幼小衔接和学生学习成长规律。比如，原来一年级的时候上来就学拼音，现在第一个单元是学生字，学生在识字的过程中认识了一些字，但在阅读时不识字了，这时候他就有学拼音的兴趣和需要了。二是教材特别突出中华优秀传统文化，在原来古诗文、历史故事等基础上，新增加了《三字经》《千字文》等。三是新教材突出阅读，而且是一种长链条的阅读，希望引导学生养成爱读书的好习惯。四是新教材注重让学生从生活中学习。

记者：韩教授，你们对统编教材进行了很多调研，您听到的评价是怎样的？

韩震：广大教师、学生是比较认同统编三科教材的。他们认为三科教材有三个突出的特点：第一是时代性更强。教育和社会是相互塑造的，社会在发展，时代在前进，教育也应该跟上步伐，而且要具有一定的前瞻性。中国特色社会主义的理论创新、实践创新，包括文化的新发展，在教材当中都得到了体现。第二是实践性更强。就是刚才王校长说的，操作性更强了。第三是思想性更强。在全球化时代，每个国家都要考虑培养什么人、怎样培养人的问题。在这些方面，这套教材体现得更加鲜明。当然还有其他方面，比如印刷质量、版式设置，包括封面设计，比原来的人教版都有所改进。

二、三科教材核心旨归是立德树人

记者：党和国家领导人历来高度重视中小学教材建设，明确提出教材建设是"国家事权"。为什么说教材建设是"国家事权"？

韩震：在全球化时代，中国要培养认同自己国家、认同自己文化的可靠接班人和合格建设者。教育具有塑造未来的功能，教材是规范教育的最主要的遵循，因此教材必须体现国家意志。如果说中小学教材建设，尤其是三科教材建设，不上升为国家事权，各省（市、区）可以各行其是、多元化发展，就不可能塑造出有共同理想、共同信念的可靠的社会主义接班人和合格建设者。

王欢：教育就是在为国家储备人才，那么这个人是什么样的人就特别重要。他不仅要有知识、才华，还得有灵魂。这个灵魂就是社会主义核心价值观、中华优秀传统文化、爱国主义精神、革命传统精神等。立德树人的根本任务要落地，拿什么使之落地？教材！三科教材表达的就是中国精神、中国灵魂、中国文化，所以它是国家意志。

韩震：既然是国家意志，就要强调统一性，也就是要有统一的规范，所以三科教材要统一编写，统一审查，统一使用。我们国家幅员辽阔，各地的文化有一定差异，这套统一的教材保证了我们的教育培养出来的人有共同的理想和共同的文化基础，这样才能担起民族复兴的大任。从这个意义上讲，国家事权就是体现国家意志。

三、强调价值观教育，中国并非特例

记者：三科教材具有鲜明的中国特色。有些人认为，只有中国才有这种意识形态色彩较浓的思想道德类课程，外国没有这方面的教育，事实是这样的吗？

韩震：我也经常听到有人说国外没有类似的课程，这完全是一种误解。其一，很多国家都有公民课程，有的叫"公民与政府"，有的叫"公民与道德"，有的就叫"公民"，都包含有道德与法治这方面的教育。其二，他们的其他学科课程，比如历史、地理、经济这些学科，也有这方面的功能。欧洲国家有一些政治学科的课程就和我们的类似。

近代以来，各个国家正是通过对教育的垄断，或者叫支配性、政策性的掌控，塑造了国家的意识形态，包括语言和信奉的核心价值观。实际上美国等西方国家不只对本国学生进行价值观教育，而且还想用自己的价值观影响全世界。一个国家如果没有共同的核心价值观，就没有共同的道德规范、共同的理想信念和共同的文化基础。

王欢：据我了解，法国教育部2016年就颁布了"共和国价值观学校总动员计划"，明确提出在小学要进行300学时的公民教育。2015年，法国国家教育电视台特意来到史家小学，拍摄了史家小学的一节思想品德课，他们就是想看看中国的思想品德课是怎么上的。

日本也颁布了道德教育改革方案，把课外活动学科化，他们原来是从高年级开始进行道德教育，现在从小学一年级就开始了，而且要求每个学年不少于35小时。美国搞了一个新品格教育运动，对学生进行价值观的塑造。韩国也在进行改革，研究如何把道德教育融入各学科。

韩震：实际上，西方的价值观教育比我们更自觉，而且研究得更深。尽管西方国家的价值观念和我们的不尽相同，但他们的教育方法值得我们借鉴，比如说公民教育，我们过多强调知识，他们则更强调具体的行为规范。在具体的教育方式方法上，我们有很多地方要向其他国家学习。

四、统一审查提升了教材的科学性

记者：韩教授，我们很想知道，你们审查时主要从哪些方面把关？

韩震：审查首先是把握方向性，也就是看政治方向是不是正确，意识形态是不是有问题，是否符合中国特色社会主义的理论、制度和文化，是否符合社会主义核心价值观，看这些基本的价值观是不是在不同的学段得到了完整的体现。另外，看中华优秀传统文化、革命传统的文化是不是得到充分体现，中国特色社会主义先进文化，也就是我们当下具有创新性和时代感的文化，是不是得到了充分的体现。还有国家主权、民族团结等，也是非常重要的内容。

同时，我们也关注知识性的内容，避免出现硬伤和不协调的地方。在国家教材委员会中，有各学科的科学家，有院士，有来自各部委的专家，大家运用多方面知识，多元化、多角度去审视，这样就避免了很多硬伤，不科学、不专业的东西就会少多了。应该说，国家统一审核，使教材在科学性上有了较大提升。当然，教材没有最好，只有更好，只有在使用当中，才能不断地加以完善。

记者：据说你们在审查的时候，有时会为一句话或者一个词语的表述争得面红耳赤，是真的吗？

韩震：各科教材送到国家教材委审查的时候，应该说已经比较完善了。因为一些关键性的专家已提前介入，与教材的主编、编写团队进行对接和对话。这种对话会产生一些分歧，发生一些争论，恰恰是这种争论使教材更加完善。如果说你说行我就说行，我说行你也说行，那反倒是不负责任的表现。

五、教材使用：重在体悟和实践

记者：每门学科有自己的学科属性和特点，同时要挖掘它的育人功能。怎么把两者有机结合起来？就拿道德与法治这门课来讲，很多人觉得比较难上，怎样才能上得生动，让六七岁的小孩子能够有体会、有收获？

王欢：老师拿到教材的时候，最大的担心就是您刚才说的。道德与法治课的教师面临很大的挑战，因为很多法律知识、法律条文都得知晓、理解，而且要用儿童易于理解和接受的方式去讲。有位老师跟我讲了一个故事，让我很有感触。一年级上册的《道德与法治》，有一课讲的是到学校去上学。老师在上课时放了一张山区小朋友去上学的图片。老师问学生："路那么难走，他们为什么还要去上学？"我们想学生可能会回答说学习很重要，他要学习知识，他要改变命运，如此等等，但是学生回答说："到这个年龄了必须上学，这是义务教育法规定的。"因为入学的第一天，老师跟他们讲，你们到这个年龄都得按照义务教育法上小学，孩子们就记住了。这个故事告诉我们，道德与法治的教育，一定要结合具体的生活情境，潜移默化。道德与法治方面的教育在小学阶段特别重要，教师在教育学生的过程中，也是在教育自己。同时，孩子把课堂上受到的教育带回家，一个孩子影响一个家庭，这种教育是弥漫性的，实际上对全民进行了教育。

韩震：王校长说的我特别有同感。道德教育本质上就是相互教育，就是见贤思齐的过程，成人在道德上未必比孩子高，实际上这是一个相互教育、自我教育的过程。另外，现在的道德与法治课程其实已经非常活跃，十分强调运用故事、运用活动来达成教育目标。说它枯燥、说教，可能是基于过去十年、二十年前的教材或者课程形成的固有印象。

王欢：丰富、生动、前沿，我听课后确实改变了对这门课的固有认识。

韩震：我要在这里对中小学教师，特别是使用三科新教材的教师表示敬意。因为他们太不容易了。我们制定课标的时候，有各方面专家一起研究讨论，但是在教的时候，一个教师要承担所有方面的东西。

王欢：确实是这样的。对于语文、历史、道德与法治三科教师而言，他们要胜任工作，需要重新学习很多知识。教师不仅要了解相关知识，还要在日常生活工作中遵守、履行。现在的教育方式已经发生了很大的变化，不再是说教灌输，让学生死记硬背，而是要让学生在体验中、讨论中、参与实践中，形成自己的认识和独立见解。学生只有在体验中，才能有自己的感悟。语文、历史、道德与法治，这些教材中涉及的学科思想、价值观、方法论，都需要在悟的过程中让学生掌握。

韩震：理想效果就是在体验中内化，在实践中升华。

六、教材解读与培训：一线教师的期待

记者：要想发挥好三科教材的育人功能，关键在于教师。教师们在教学过程中，遇到最大的困难是什么？他们最希望得到什么帮助？

王欢：我们学校的老师说，教材的理念他们能够领会，但是到底在编写过程中，专家是怎么考虑的，文章篇目、素材为何做那样的取舍，特别渴望请专家作一个深入解读，让他们"知其然"也"知其所以然"。

韩震：他们需要专业的解读和培训。我们向老师致敬的同时也得帮助他们。

王欢：对。这些编写、审查专家都很忙，利用信息化的手段对教师进行培训也可以。

韩震：道德与法治是一个综合性学科，涉及的内容非常多，但它又是整合式的。这些内容整合在一起才能更好地发挥育人功能。但是对教师来说，就要什么都得懂，所以挑战很大。教育行政部门应该给教师们提供更多继续学习的机会、培训的机会。

王欢：教师压力大，但是自我改变和提升是一条必由之路。我们要培养学生的综合素质、综合能力，教师如果还是单学科意识占据头脑，就不能胜任工作。现在的三科教材，综合性特别强，任课教师不仅要有这个意识，还要有这个能力。

韩震：过去我们过分强调学科，强调知识，实际上我们不论成人还是孩子，面对的问题往往不是单学科的，而是整体性的、综合性的，解决问题也需要综合运用多学科知识。

七、如何践行"用教材教"的理念

记者：语文和历史新教材变化也很大。我们下去调研，有一些民族地区的教师就反映，在规定的课时内上不完历史课的内容。所以有专家提出来，要"用教材教，而不是教教材"，怎么理解这样一个理念？

王欢：我年轻的时候，老师和学生的全部知识世界就是教材。现在倡导开放式的学习，很多教师把这个世界当成教科书，但是该如何根据育人目标和学生应掌握的知识，整合相关内容，让学生更有综合性和开放性地学习？这对老师对学生都很重要。

记者：可能有的老师觉得，就得原原本本把教材上所有东西全部讲给学生，不讲全就觉得对不起学生。

韩震：这是怎么看教材的问题。教材是学习的工具，是育人的范本和基本依据，教师应在遵循教材基本精神的情况下，更多地引导孩子的价值取向，培养孩子的能力，也就是要培养学生的核心素养。

其实不光是语文、历史、道德与法治这三科，所有学科都承担着立德树人的任务。有些人担心强调语文的育人功能，是不是就把语文课变成思想品德课了，其实不是这样。语文不仅仅是语言文字，它还承载着民族的文化，承载着民族的过去和未来。

（原载于《中国教育报》2018年3月12日第4版）

实践案例：良知教育，立德树人的实践路径
——贵州省修文县推进中华优秀传统文化教育的探索

"阳明先生说：'志于道德者，功名不足以累其心。'良知教育在我们心中播下了道德的种子，不只让我们在高考中取得成功，在未来的人生道路上也一定会影响我们，为社会做出贡献。知识就是力量，良知才是方向！"这是贵州省修文一中"良知班"学生林雅馨就读高一时，在"国学规划课"期中考试的小作文中写下的心声。

中华优秀传统文化博大精深，为人类文明发展作出了重大贡献。习近平总书记曾指出："中华优秀传统文化是中华民族的突出优势，是我们最深厚的文化软实力。"2014年习近平总书记参加全国两会贵州代表团审议时特别指出，贵州在弘扬传统文化方面有独特优势，要继续深入探索，深入挖掘，创造出新的经验。

贵州省的修文县，是一个充满着思想魅力、有着深厚文化底蕴的地方，传统文化中著名的"知行合一"思想就发源于此地。

"中华民族几千年来形成了博大精深的优秀传统文化，阳明文化是中华优秀传统文化中的精华之一。王阳明在《教条示龙场诸生》中对弟子提出的'立志、勤学、改过、责善'的要求，揭示了一个人提升思想道德修养的方式与途径，对于今天学校思想政治教育工作守正创新、提高实效具有重要的启示意义。"修文县政协秘书长，修文中学、修文一中工作指导组组长，教育局原局长袁曜说。

修文县教育局落实习近平总书记讲话精神，积极探索利用中华优秀传统文化开展"良知教育"，在践行社会主义核心价值观、寻找立德树人实践路径方面走出了一条西部欠发达地区"后发赶超"的新路。

一、立志勤学，担当民族复兴大任

"志不立，天下无可成之事。"这句习近平总书记多次提到的经典名句，激励着修文学子立志做担当民族复兴大任的时代新人。

"立志而圣则圣矣，立志而贤则贤矣""夫志，气之帅也，人之命也，木之根也，水之源也……""夫学，莫先于立志"……走进修文一中，刻于墙上的这些名言警句，告诉学生们立志的重要性。

在修文中学，每学期开学初都要开展"立志"活动，每个学生在庄重的仪式下"立志"。立志活动与学生仪容仪表、文明礼仪、言谈举止、学习习惯等结合起来，学校要进行"考德"。修文一中则开设了"生涯规划立志"课，每年9月开学，起始年级学生要举行立志会，通常会邀请学生家长一同参加，每一个学生都有自己的立志宣言、立志卡，学校将之收集整理存档，用目标引领学生成长，用远大志向引领学生成人成才。

时任修文县教育局副局长谢福贵介绍："对于不同年龄阶段的学生，立志的内涵也有所不同，具体就是童蒙养正（幼儿园及小学）、少年立志（初中）、青年树观（高中）、成年修心（成人）。"修文县教育局良知教育研发中心卿建鹏等老师介绍：在幼儿园和小学，主要让学生学习《示宪儿》及《三字经》《弟子规》《千字文》等经典语录和传统故事，结合《中小学生日常行为规范》的要求，引导学生立志"做好人"，要求学生懂孝悌、讲诚信、讲文明、懂礼貌，养成良好的行为习惯；初中阶段让学生学习相关著作和传统文化经典"四书五经"，结合《中小学生德育工作指南》的要求，引导学生明辨是非、勤奋学习，确立人生目标和树立远大理想，立志"做君子";高中阶段让学生学习王阳明"立德、立功、立言"的历史故事,以及诸葛亮、岳飞、毛泽东、周恩来、邓小平等伟大人物故事和感动中国人物故事,牢固树立社会主义核心价值观,学习马克思列宁主义、毛泽东思想、邓小平理论、"三个代表"重要思想、科学发展观、习近平新时代中国特色社会主义思想,以及国学经典,引导学生树立正确的世界观、人生观和价值观,树立热爱祖国、永远跟党走的志向和为中华民族伟大复兴建功立业的宏愿;成人阶段,则学习《孟子》《大学》《中庸》《传习录》《道德经》等传统文化经典中与社会主义核心价值观相一致的内容,体悟"天人合一"等哲学思想,培养学生的国际视野、历史眼光和洞察力,引导教师和家长修身立德,立志在教育这片广阔的沃土中建功立业。

"引导学生'立鸿鹄志,做奋斗者',肩负起民族复兴的时代重任,这是修文县整体推进优秀传统文化教育的根本目标。"袁曜说。

二、立德修身,激发学生向善的内在动力

走进修文县任何一所幼儿园或小学,都能感受到浓浓的中华优秀传统文化教育氛围。这种文化氛围,不仅表现在学校的雕像、展示栏、走廊等建筑设计上,更浸润到学校的课程建设中。

据了解,修文县全县中小学三年级及以上年级均开设了中华优秀传统文化课程,教学计划、教材、教师、课表和课时均得到了落实。各校开发了各具特色的"良知教育"校本课程,如久长小学的"阳明文化进校园读本",扎佐二小的"圣地心芽",实验小学的"阳明家训""知行课堂",实验二小吟唱版的"示宪儿",还有修文一中的"知行册""传习录"等,共计有13种之多。

"阳明先生提倡通过内省和知行合一的方式,提升自我道德修养,他主张通过'改过、责善'等途径,唤醒受教育者的良知良能,使其自省、

自修、自足。自省与改过的过程，就是一个人培根修心、向美向善的过程。"修文县教育局局长兼修文一中校长刘丽萍说。

每天早晨，在久长小学的教室里都会看到这样的场景：孩子们手捧讲义夹，端身正坐，眼睛平视，齐声诵读国学经典。在修文一中和修文中学，除了每周安排一节正课外，还有晨读暮省课：每天早自习前的15分钟，高中"良知班"的学生诵读王阳明经典文段或经典古诗文句段，七年级学生每天学习一条《论语》；每天晚自习结束前15分钟，学生要对一天的学习生活进行总结和反思，填写人手一册的"幸福日志"，每日"打卡"，检视自己是否做到"不说谎、不抱怨、尽己责、读书明理……"学校还鼓励学生写学习心得，并通过网络传送至北京大学，由北京大学一批大学生志愿者进行评改并反馈意见。

修文中学建立了"知行讲堂"，每月开展一次全校道德讲堂活动，每周各班开展一次道德活动，班级师生轮流进行故事分享。

修文县的各中学，多数建立了优秀传统文化学生社团，通过社团活动的形式学习国学经典。一位社团成员在参加贵阳市政协的咨政协商会时发言，谈了她学习的体会："从开始的不理解、满心疑问与好奇，到渐渐抛弃原来糟糕的学习习惯，端正自己的学习态度；从被良知的力量感染和推动，到慢慢懂得'吾性自足，不假外求'，一次次遇见更好的自己……"

自我修养的提高，不正是这样的一个过程吗？

三、不忘初心，建设大爱良师队伍

每天登录"良知教育"App学习平台打卡学习，已经成为修文县教师生活的常态。修文县共有2470名教师注册并分成121个学习小组，定时进行线上学习。在线下，则通过专题研修计划，邀请各类专家开设讲座，培训教育管理干部、校长和教师，集中开展学习活动。

修文县提出"修心修文"计划，让教师修习习近平总书记关于教育的重要论述、中华文化经典和西方名著，通过诵读原文、自我体悟，同时辅以线上导读、交流分享等方式，提高理论水平和思想道德修养，做有大爱、有良知的好校长、好教师。2019年，修文县启动实施了"良知种子培训计划"，在全县各学校遴选108名"良知教育"种子教师，树立"良知教育"榜样。

立德树人，教师要先立德。采访中，修文县教育部门相关领导并不讳言：一些教师在片面追求升学率的社会环境下，感到工作压力大、缺乏成就感，出现职业倦怠；还有少数教师在追逐物质利益的过程中迷失了自我，忘了立志从教的初心，甚至产生了一些过激的行为。但是推行"良知教育"后，教师们学习中华优秀传统文化，慢慢被阳明先生"心即理，向内求""责善从己开始""天下无不可化之人"等思想感化，从"利己小我"走向"利他大我"，教师们工作的原动力被激发，精神面貌焕然一新，在教学上也更注意换位思考了，比如一位班主任老师说："以前学生不做作业，我总觉得是他们的问题，老是想着怎么去对付他们，现在我才意识到是我自己的作业布置没有分层，不尽合理。"

修文县教育局组织的各项线上线下学习活动，都鼓励家长积极参与，学习中华优秀传统文化经典著作以及《教条示龙场诸生》《拔本塞源论》《教约》等阳明先生原文。久长幼儿园、实验小学、修文二中等学校，还邀请教育专家开办家长讲座，以阳明先生家训为蓝本，引导家长立良知家训家规。经过学习，家长们的思想道德素质提高了，家校关系更加和谐了。"家长们由支持幼儿教育小学化，转为支持发掘幼儿潜质、提高综合素养。他们积极参加亲子活动，80%以上的家庭能做到亲子阅读，良好的家园关系正助推幼儿园朝正确方向和更高目标发展。"在2019年召开的贵阳市教育大会上，修文县久长幼儿园园长田庆菊作为唯一的教师代表，发言谈到"良知教育"带来的变化时这样说。

"中华优秀传统文化与现代教育结合,焕发出巨大的生命力。让我们找到了从分数教育转向立德树人的路径。"袁曙说。目前,深入开展中华优秀传统文化教育已成为修文县教育特色,"良知教育"更是修文教育的一张名片。修文一中成为贵州省传统文化教育特色学校,全国十余省份近百所学校参与"良知教育"实践探索,全国各地学生团体纷纷奔赴修文县阳明文化研修基地开展"良知夏令营"等活动,修文县以"良知教育"为着力点,为优秀传统文化教育提供了一条可推广的路径。

修文利用中华优秀传统文化进行育人新探索的步伐没有停歇,还在继续深入。在新时代、在中华民族比历史上任何时候都更接近中华民族伟大复兴的时候,修文像开在中国教育大地上的鲜花,带着贵州高原的泥土芬芳,必将给中国一个惊喜,给世界一个惊羡。

(原载于《中国教育报》2020年9月3日第11版)

采访后记:

贵州修文是阳明文化和"阳明心学"的发源地,可以说是王阳明先生的"第二故乡"。2018年6月,我随教育部郑富芝副部长(时任教育部部长助理)带队的教育部第八督查组赴云南、贵州两省,针对中央及教育部5个文件和各项教育改革举措落实情况进行实地督察,跑了两个省会城市、两个地级市、两个县,走访考察了十几所高校、职业院校及中小学、幼儿园,给我留下最深刻印象的就是深深嵌入修文县各学校办学实践的阳明文化,当时心里就记下了,这是一个值得深入发掘、好好写一写的题材。

2019年,应修文县时任教育局局长袁曙的邀请,我再次来到修文,怀着朝圣般的心情参观了阳明文化园。与第一次随大队人马走马观花不同,这次有机会深入采访,倾听校长、教师和学生讲述他们的所为、所思。

现在,国家层面强调加强中华优秀传统文化教育,各地方各学校也采取了很多举措推动传统文化进校园。但是，应该选择什么样的传统文化、怎么把传统文化与学校的教育教学有机地结合起来？许多学校有激情、有理念，却苦于找不到适合的途径，最后的结果是传统文化教育成为学校教育附加的一个模块，是"绑"上去"贴"上去的，而不是"融"进教育教学中的。

阳明文化、阳明心学博大精深，并非所有内容都是适合中小学生学习的，或者说并非所有内容都是贴近他们生活、他们所能理解的。修文县在专家的指导下，汲取阳明先生的思想精华，以良知教育为核心，以阳明先生在《教条示龙场诸生》中对弟子们提出的要求——"立志、勤学、改过、责善"为落地的抓手，让抽象的传统文化变得具体可感，使传统文化的学习与学生日常的思想教育、行为习惯养成等融为一体，不分彼此。可以说，修文的实践探索，不仅找到了阳明文化与学校教育融合的途径，也找到了立德树人、社会主义核心价值观融入学校教育的途径，找到了文化育人的路径。

修身立德，不只是对学生的要求，修文县通过良知教育促进教师提升师德修养的做法，特别值得借鉴和学习。提升师德修养，如同对学生开展德育工作一样，光空喊口号、进行思想灌输作用不大，得有具体的抓手和实实在在的举措，在这方面，修文县也给其他学校及广大教师作出了榜样示范。

第四辑

教师成长与专业写作

引言

教师的发展与成长是一个专业话题，在入职前主要靠师范大学的教师教育来打基础，而入职后的成长与发展，更多地要靠个人的努力，而不是依赖学校"体制"安排被动地成长。可以说，教师的成长发展是一条无止境的路，教师应该保持危机感，只有不断学习提升自己，才能始终保持创新力、竞争力和适应时代变化的能力。

教师的成长须经由诸多途径，要输入——阅读学习教育理论，学习其他名师名家教学经验，将其吸收内化为自己的东西；也要输出——进行教育专业写作，如写作教学实录、调研报告、教育随笔、教育评论和教育论文等，将自己的实践和思考进行系统化的梳理和提炼，甚至凝练出自己的教育思想和教学主张。其中，反思是一种重要的思维工具，是桥梁，是教师成长的"催化剂"。丰富的教育实践是教师专业写作的灵感源泉，也是教师反思的源泉。教师必须学会从不同维度去反思，既观照自己，也观照他人，在"实践—反思—实践"的教学生涯中实现螺旋式上升，提高自身教学水平，提升自己的人生境界。

"动笔写":教师专业成长的重要途径

2018年2月,中共中央国务院印发《关于全面深化新时代教师队伍建设改革的意见》,提出"到2035年,教师综合素质、专业化水平和创新能力大幅提升,培养造就数以百万计的骨干教师、数以十万计的卓越教师、数以万计的教育家型教师"。结合当下的现实状况,可以说,实现这一目标是一个较为艰巨的任务。

教师的综合素质、专业化水平和创新能力体现在哪里,该通过哪些途径来提高?在众多的方法和途径中,有一个方面容易被忽视,那就是提高教师的写作能力。在新课改深度推进、进入培育学生发展核心素养的素质教育新阶段,提高写作能力,做个不仅能讲而且善写的教师非常重要。

一、教师"动笔写"的价值和意义

教师直接面对的对象是学生,教师日常课堂教学主要倚重口头表达能力,但是这并不意味着教师的写作能力和笔头功夫无足轻重,相反,培养锻炼写作能力,是教师提升综合素质、专业能力和创新能力的一个重要途径。

(一)有利于教师梳理教学工作,总结教学经验、反思教学得失,不断提高专业教学水平

教师的工作经验需要时间来积累,专业素养需要在摸索、体悟、反思中提升，这个过程是教师内心世界不断丰盈的过程，但是如果不对每个阶段课堂教学的得失与感悟及时总结、反思，外化输出为文字，时过境迁就会变得模糊，思想的火花也会熄灭，正所谓"好记性不如烂笔头"。一名教师，如果能对平时的教育教学、班级管理、培训学习、师生交流等方面的内容勤加记录，并加以反思梳理，就可能让教育教学过程中碎片化的微创新、小改进、小收获上升为较为系统化的经验，甚至提炼出具有创新性、普适性的经验，在梳理与写作的过程中，也能清晰地看到自己的短板和不足，从而有针对性地采取补足措施。

（二）有利于教师锻炼思维能力，提高科研能力

新一轮课程改革对于教师的能力素质提出了诸多新的要求，教师的职业角色定位，已经从过去单纯的知识传授者、教材使用者转变为课程的开发者、教育资源的整合利用者、课堂的组织者与学生学习的指导者。这种角色定位的转变，要求教师具备较强的教科研能力。扎实的教科研能力可以为教师的课堂教学拓展深度和广度，为教师专业发展提供持续动力。教而不研则浅，研而不教则空。教与研必须紧密结合。事实上，当前许多地方教育管理部门和学校，都把提高教师的教科研能力作为促进教师专业发展的重要抓手。教师在写作过程中要考虑所研究问题的背景及其内部逻辑结构，还要考虑论证是否科学、严密，论据是否充分、有力，这有利于锻炼教师的思维能力，提高其教研科研能力，进而提高教学水平。

（三）有利于理论学习的内化吸收和教学成果的推广，有助于成为学者型、专家型教师

课堂教学实践需要教育理论的指导，理论的学习是一个输入的过程，也是一个内化的过程，而学习效果如何，则需要通过输出和外化过程来检验。"动笔写"是一个输出和外化的过程，也是对理论知识加深理解和迁

移应用的过程。根据德国心理学家艾宾浩斯的研究发现，凡是理解了的知识，就能记得迅速、全面而牢固。"动笔写"激励教师经过独立思考，对所学知识进行加工、重组，从而实现对知识的巩固和深化。

有志成为学者型教师、教学名师的教师，在实践的同时多"动笔写"，有助于逐步形成自己的教学风格，提炼总结自己的教学思想和教学主张。写文章、发表文章是展现自我教学主张和教育思想的最佳手段和载体。无数教育家、教学名师的教育思想和教学主张，都是通过公开出版的专著、大量公开发表的论文和报刊文章让社会公众熟知，并建立起个体与教育思想、教学主张之间的关联的。比如大家谈到李吉林就会想到"情境教育"，谈到吴正宪就会想到"儿童数学"，谈到窦桂梅就会想到"主题教学"，谈到黄厚江就会想到"本色语文"，谈到华应龙就会想到"化错教育"，谈到韩兴娥就会想到"海量阅读"，谈到蒋军晶就会想到"群文阅读"……这些教育家、教学名师有一个共同点——他们多年来笔耕不辍、著述颇丰，他们的教育思想、教学主张得到广泛传播。由此可见，在这个大众传媒时代，要想成为一个专家学者型教师、教学名师，光靠"讲"得好还不够，还得善写、多写。

二、教师不善写的原因分析

对绝大多数教师而言，在内心里是希望能多写、多发表文章的，从功利一点的角度出发，这对于评职称、评优评先也有好处。但是为何很多教师"动口不动手"、很少落笔呢？其原因可以从主观和客观两个方面来分析。

（一）主观方面：缺乏积累，不善观察，畏惧写作

很多教师提笔不知道写什么，一个重要原因是缺乏积累，知识储备不足限制了思维的深度和视野的广度。古人云：读书破万卷，下笔如有神。

教师只有多阅读，才能做到厚积薄发。叶圣陶先生曾说："阅读是吸收，写作是倾吐，倾吐能否合乎于法度，显然与吸收有密切的联系。"由此可见，阅读与写作之间有着密不可分的关系。教师只有多阅读相关教育学著作及论文，才能提升理论素养。没有理论的指导，教师在校园中、课堂上看到的仅仅是现象、表象，而有理论的指引，才能建立起看似平常的现象与其背后的价值、意义及教育教学规律之间的关联。

教师不善写，另一个原因是不善于观察和思考，对于课堂教学懒于记录，这样到了想写的时候，即使能搭起理论的框架，也苦于没有"料"使之丰满充盈。还有一部分教师，特别是数学、外语或物理、化学、生物等学科的教师，自认为书面表达能力差，对于"动笔写"有种天然的畏惧心理，久而久之，便形成了"写作恐惧症"。

（二）客观方面：工作负担较重，埋头于琐碎事务，没有时间和精力写作

学生的学习负担重，教师的工作负担也重，这是一个问题的两个方面。教育的职业特点，决定了教师要承担其他许多职业所没有的工作压力和重担：上课、备课、批改作业、联系家长、监考阅卷、管理班级、谈心家访、辅导"差生"……这一切让教师每天工作时间远远超过 8 小时。此外，教师还要应对各级各类督导验收检查，完成临时交办的非教学类任务，参与各级各类会议培训与政治学习等。大量与日常教学工作无直接关系的事务性工作，不但耗费了教师们大量的时间，还造成了心理负担。有鉴于此，2018 年 3 月 16 日，时任教育部部长陈宝生在两会新闻发布会上直言老师的工作负担很重，提出把时间还给老师，让老师有足够的时间备课、充电、研究教学，提高教学质量。

按照唯物主义辩证法的观点，内因是事物发展的根据，决定着事物发展的基本趋向，外因是事物变化的外部条件，对事物的发展起着加速或延

缓的作用，外因通过内因起作用。中小学教师工作负担较重、琐碎的事务性工作让他们难有充分的时间精力去写作，但是更重要的还是他们没有充分意识到"动笔写"对于教师专业成长的重要意义，在工作中习惯"埋头拉车"而不注意"抬头看路"，没有下功夫努力提升写作能力。其结果，造成他们的工作经验只是时间的简单累加而难有质的提升。

三、中小学教师专业写作从何入手

中小学教师的写作，写什么，怎么写？很多教师首先想到的就是写专业的教育教学论文。这固然很重要，但是对于大多数中小学教师特别是青年教师而言，短期内很难达到相应水平，勉强写出来的教学论文只是格式化的简单模仿或者拼凑，含金量不高。这样的论文难以发表，久而久之就会挫伤写作积极性。另一些教师面对教学论文较高的要求望而生畏，不敢动笔。其实，除了教学论文，中小学教师可写的内容及文章体裁、形式有很多，与教学论文相比，以下类型的文章才是更切合中小学教师工作实际、更应该提倡他们来写的。

（一）写教学反思

教学反思是一种有益的思维活动和再学习方式，每一位优秀教师的成长都离不开教学反思。著名心理学家林崇德教授曾提出"优秀教师＝教学过程＋反思"的成长模式。叶澜教授也曾说："一个教师写一辈子教案不一定能成为名师，写三年教学反思则有可能成为名师。"是否具有反思的意识和能力，是区别经验型教师与学者型教师的主要指标之一。修炼并提高反思力，是促进教师专业化发展的有效途径，按部就班型教师与专家学者型教师之间主要差了一个"反思力"。普通教师每天忙得团团转，整个教育循环圈就是"实践—实践—实践"，而专家学者型教师则不同，他们构筑的职业生命是"实践—反思—提升"。

教学反思是非常适合中小学教师写作的形式，可写的内容很多，最重要的就是反思教学成功与失败之处。在教学中出现的灵光一现的火花或有争议的地方，都是值得认真思索和分析的。细心观察和深入思考，是写好教学反思的基础。教师通过写教学反思，可以把成功的课堂设计、互动生成、理论应用、教学内容的创造性处理等以文字形式固化下来，供以后教学时参考；对于失误之处，则可通过反思查找原因，找到解决办法和教学新思路，写出改进的策略。

从反思的方式来说，可以是内省式反思，如写反思日记、备课后记、成长自传等；可以是学习式反思，如学习教育理论后写读后感；可以是交流式反思，即通过与他人交流来促进反思；可以是研究式反思，即以教科研的视角反思教学，以反思的成果改进教学。写教学反思的过程就是一个二次学习的过程，一方面可以丰富教学经验，另一方面也能促进教师提高教科研水平。

（二）写教育叙事

教师以叙事方式重述和重写那些导致自己觉醒和转变的教育故事，促使教育教学与学习、研究合为一体，这是教师应有的专业工作方式，是实现教师专业成长的基本途径。从这个意义上讲，写教育叙事就是教研。朱永新教授在全国推行的新教育实验，促使一大批青年教师快速成长，脱颖而出，其秘笈之一便是倡导教师写教育叙事。教育叙事让普通教师找到写作的切入口，找到贴近自己的表达方式。不知不觉中，普通教师也写出了专著。在新教育实验校中，这样的例子不胜枚举。比如山东诸城市文化路小学的钟春梅老师只是一名很普通的教师，最近几年她出版了两本专著，获得全国新教育十大"完美教室"提名奖。钟春梅说："以前只知道埋头教学，不会总结，而新教育的生命叙事让我一下子找到感觉了。日常怎么做的就怎么写，写课堂上的故事，写自己对教育的理解……"

写教育叙事能让教师在"探索实践—叙述记录—反思整理—追问提升"的思维逻辑中，在展现故事的过程中，发现前所未有的教育意义。因为教育叙事写作其实就是在追问教育"背后的故事"，是帮助教师慢慢获得成长的动力和源泉。教师要善于捕捉教育生活中的小故事，适时把自己"融入"到故事里，以最贴近自己的方式来呈现教育问题。比如清华大学附属小学，鼓励全校教师写"教育故事""课程故事"，并组织进行评奖，这其实就是用教学叙事的写作方式，促进教师提高育人意识和教学能力，引导教师在教育教学过程中自觉践行学校提出的"让儿童站立在学校正中央""工具撬动课堂变革，让核心素养在课堂落地"等教育教学理念。山东临沂兰山区教育体育局教研员王维审（著有《寻找不一样的教育》，山东文艺出版社）认为，不管用何种方式，只要生动讲述了一个人的教育故事，捕捉到人物间心灵的颤动，有了自己的思考和感悟，给读者精神的震撼，就是最好的教育叙事。可以说，教育叙事对于广大中小学教师来说，是非常接地气、有实用价值且具有普适性的写作方式。

（三）写课堂教学实录

课堂教学实录是教师通过课堂观察，将自己或他人执教的课堂尽可能详细地记录下来，并加上教学后记或听课评价的一种教育实用文体。写课堂教学实录，是中小学教师的一项基本功，也是进行课堂教学研究的基础。课堂教学实录可以用剧本对白式或叙事描述式两种不同方式来写，不管哪种方式，最重要的是要聚焦课堂教学的重点、难点，抓住课堂教学的创新点、亮点或者存在的问题。记录要详略得当，文字要精炼。对讲课中符合教学规律、有创新、有特色的做法或存在的问题及不足等可以详细地记录下来，同时，还要写上自己的思考分析或听课专家的点评，力争归纳出一些共性的东西，提出有价值的改进意见，以便在今后的教学中予以借鉴。

（四）写教育评论

评论写作是一个洞察外界和反省自身的过程。作为新时代的教师，应该身处课堂而超越课堂的时空局限，以更宽广的视野去观察和思考身边的各种教育现象，并发出自己的声音，而写教育评论或者教学随笔就是一种很好的方式。评论的对象，除了课堂内外的教育问题和现象，也可以是某项政策举措、某句名言谚语、某个专家观点，围绕它阐述自己的观点或感想，言之成理即可。教育评论的写作，有利于锻炼教师发现问题和多角度思考问题的能力。写评论也是教育研究的一种重要方式，作为批判性思维的有效载体，教育评论可以引导思想争鸣，达到问题共振、思维共鸣和智慧共生的效果。而一个教师要想写好专业的教育评论，除了要有敏锐的视角、理性的精神，还要有深厚的专业素养。写教育评论，作者自己不能被情绪左右，更不能被社会舆情裹挟，"有理不在声高"，对错误观点进行反驳，需要勇气，更要有理有据，科学严谨地论证。

以上四种文体写作是对于中小学教师而言比较实用的写作类型。中小学教师还可以基于课题研究撰写研究论文或调研报告。学科教师还可以撰写具有本学科特色的教学经验总结类的文章。

中小学教师写作，心动不如行动。不管写什么，都应坚持一个原则，那就是要结合教育教学实际，宏大叙事从小处落笔，突出创新意义，以写作促进自身专业素养的提高，而非单纯地为各种功利性目的而写作，相信只要坚持笔耕不辍，必然水到渠成。

（原载于《中小学管理》2019年第6期）

向名师学什么

近年来很多地方通过政策支持,大力推进名师工作室、工作站建设,许多专业性的报纸杂志也开设了诸如"名师工作坊""名师反思录""名师风采"之类的栏目,其根本目的在于发挥名师的示范效应和"传帮带"的作用,提升区域教育教学整体水平,从而产生更多的名师。

我们不去讨论某位名师是否"名副其实"、是否存在炒作之嫌这样的话题。总体而言,名师之所以有名,还是有其过人之处和值得学习的地方的。

名师因何而出名?我们应该向名师学习什么?

由此,笔者想到大家都很熟悉的课堂教学的"三维目标"——知识与技能、过程与方法、情感态度与价值观。我们向名师学习,不妨也从这样三个维度来观察和思考。

一、知识与技能是教师站稳讲台、安身立命之本

很多人仰慕名师,只有一个单纯而朴实的理由——"课上得好"。要想"课上得好",需要学习掌握课程教学及教育心理学等多方面的知识,具有扎实的教学基本功。多读书、多学习可以掌握知识,而将相关教育教学的知识变成教学技能则需要在实践中不断地打磨。名师过人之处,就在于他们能在知识应用、实践打磨的过程中进行自我反思和提炼,形成独具特色

的教学模式和个人的教学主张。他们能将基本的教学技能灵活运用，从教学技能升华到教学艺术，从而达到无招胜有招的境界。他们在课堂上的语言、神态、肢体动作，不炫技，但细细品味，"满满的都是戏"。不少教师观摩名师的研讨课、展示课后感叹"课堂很精彩，但这样的课我上不了"。为何？原因可能是多方面的，个人的"知识与技能"尚未达到运用自如的地步，恐怕也是重要原因之一。

二、名师走向成功的奥秘，就潜藏在过程与方法之中

向名师学习，一定不能只看名师今时今日之成就和头顶的荣誉光环，更应该沿着时间的轴线去追溯他们摸爬滚打、蜿蜒曲折的求索历程。教学魅力、教学模式、教学思想，都不是一朝一夕形成的，需要时间去沉淀与发酵，犹如老酒，历久弥香。李吉林四十年只做一件事，使"情境教育"成为走向世界的教育成果；窦桂梅二十年磨一剑，"主题教学"问鼎基础教育国家级教学成果奖一等奖。但我们也看到，很多教师求索一辈子而无大成，何也？方向、方法与路径很重要。没有找准方向，没有找到科学方法的实践，过程再长、时间再久，只是量的重复叠加而难以实现质的飞跃。

三、情感态度与价值观是向名师进阶的必经之途

习近平总书记提出好老师的标准——有理想信念、道德情操、扎实学识和仁爱之心。"四有"之中，"三有"指向情感态度与价值观维度。教师的职责是教书育人，二者统一于教学过程中，也统一于教师自身成长过程中。名师不仅要关注自己教得如何，更要关注学生学得如何，不仅要课讲得好，更要"眼中有人"——关注学生的品格养成和全面发展。教师要研究学科的知识性，更要研究学科的育人性，研究如何提升学生的核心素

养。这与当前课改的理念和转变育人方式的要求是契合的。笔者从采访或接触过的名师身上，明显能感受到强烈的教育情怀和人格魅力，正是正确的"情感态度与价值观"，引领他们不断进阶，从"经师"走向"明师"与"铭师"。

笔者认为，教师版的"三维目标"，是名师成长之路，也是青年教师向名师学习的三个层次、三重境界。

（原载于《中国教育报》2021年3月26日第5版"主编漫笔"栏目）

破除教师成长的"体制"依赖

《肖申克的救赎》是世界电影史上的一部经典之作，改编自美国作家斯蒂芬·金的同名小说。这部电影我看过五六遍，每次看都有新的感受，其中有一句台词，多年来一直在我脑海中萦绕不去。

影片中的图书管理员"老布"在肖申克监狱的高墙内生活了50年。刑满释放时"老布"却企图伤害狱警，动机竟然是为了继续留在监狱。获得自由走出监狱的"老布"面对高墙外的世界，恐惧而无所适从，最终上吊结束了自己的生命。在谈到"老布"的自杀和狱中生活时，电影中有一句经典的台词——"我们都被体制化了"。

按照汉语词典的解释，体制主要有组织方式、组织制度、礼制规矩、国家机关和企事业单位的机构设置和管理权限划分等含义，但这里所说的"体制"，显然另有所指，我们不妨理解为包含某种规则、习惯、意识和氛围的环境。"老布"就生活在监狱这一特殊的"体制"下，不需要动脑思考和应对任何问题，只是按照监狱的规则日复一日按部就班地生活，高墙外快速变化的世界让他感到陌生和恐惧，久而久之，他就失去了生存的竞争力，离不开监狱这个"体制"了。

肖申克监狱只是一个极端的例子，其实类似的"体制"在各行各业中普遍存在着。这样的"体制"让人在封闭的、缺乏变化的环境中失去前进和求变的动力，进而丧失适应变化和参与竞争的能力。

一、教师成长被"体制化"的隐忧

教师的成长发展，同样存在被"体制化"的风险。与其他行业领域相比较，教育行业属于"体制内"事业单位，教师职业算是相对稳定、流动性不强、受外界冲击较小的一个职业。许多人选择从教的一个重要原因，就是看中教师职业的安稳。很多教师一辈子在一所学校工作到老，或者工作单位及工作内容变动很小。这并不是一件坏事，教育是"百年树人"的事业，我们提倡教师爱岗敬业，要让教师"下得去、干得好、留得住"，保持教师队伍的稳定性，祛除浮躁之气和短期化、功利化的心态是非常重要的。但是，事物往往是一体两面的，我们同时也应思考：在这样"岁月静好"、相对封闭和安稳的环境下，教师是否存在被"体制化"的可能？

事实上，这样的担忧不无道理，教师发展"体制化"的情况也确实一定程度上存在着，主要表现为：其一，在成长与发展方面缺乏主动性和内在动力，缺乏个人的职业规划和目标，自己不操心，完全将个人成长"托付"给组织，在"体制"安排下被动成长，简单地说，处于"要我学"而不是"我要学"的状态。其二，对新事物缺乏敏感性，对于课程教学改革的发展变化趋势漠不关心，认为跟自己没多大关系，内心抗拒变化与改革，对新环境、新变化缺乏适应能力，难以应对新的挑战。人们常说的教师的"职业倦怠"问题，有部分原因应归咎于"体制化"。

二、破除"体制"依赖，还需双方努力

破除教师成长的"体制"依赖，需要双方共同努力，既需要教师改变自己，也需要学校和相关部门改变"体制"。

孟子曰："生于忧患，死于安乐"。教师应该意识到，在职业发展、个人成长上，过于安稳与安逸未必是好事。缺乏变化与挑战的环境可能会让

自己成为"温水中的青蛙",一个人不能老停留在自己的舒适区,按部就班地"重复昨天的故事"。在课程教学改革走向深水区,大数据、人工智能等信息技术对教育组织形态和教学方式产生重大影响的今天,教师如果不能及时更新自己的教育观念、改善自己的知识结构、放眼看外界,就无法适应新时代新形势的要求,有一天不得不面对新的挑战时,就会如同"老布"一样茫然、惊恐、无所适从。

避免被"体制化",作为个人,最重要的是树立危机意识和主动学习的意识,做好职业发展规划,在个人专业发展上不能被动依赖学校的组织安排。在移动互联网时代,学习可以无处不在,要主动寻找和创造学习机会。比如,最新的政策文件及解读、课程教学改革方面的专家大咖文章、名校名师的经验交流分享,都可以通过互联网和新媒体渠道获得,甚至足不出户就能通过视频参加很多研讨会或交流活动,第一时间"面对面"聆听名家讲座,观摩名师课堂教学实例。

学校和教育管理部门,在打破教师成长的"体制"依赖方面也应有所作为。

其一,在教师的培养培训上,学校应该给教师更多自主选择的空间。在某些方面,学校不必规定具体的学习路径,可以采用"目标管理"的方式,学校创设条件与平台,并通过激励制度,引导教师充分发挥在个人发展问题上的主动性、积极性与创造性,让教师们"八仙过海各显神通",最终达到殊途同归的目的。比如清华附中设立了校级教科研课题,鼓励教师申请,提供研究经费支持,进行奖项评比,通过这样的方式引导教师将个人专业成长与教育教学紧密结合起来,做研究型教师。

其二,学校应打破陈规,创新管理与竞争机制,营造竞争、创新的工作氛围。比如有些学校推行"一日校长"制度,让每个教师体验校长角色,参加校领导层行政会议,解决当日学校里遇到的各种问题,通过这样的方式让教师在接受新任务和挑战的过程中看到自身发展的潜在可能性,也认清自己的不足，激起忧患意识。学校在教师的评价考核、提拔任用上应该公开透明，引入竞争淘汰机制，让优秀者有机会脱颖而出，也让不求有功但求无过者不好混日子。比如一些学校通过基本功大赛、说课赛课等形式，就让教师队伍里的"南郭先生"露出了马脚，让他们不得不加强学习，否则就可能出洋相或失去工作机会。

其三，一些有条件的学校，在人才使用上，可以通过人力资源的内部统筹调配，在相对封闭和缺少变化的小环境内，"搅动一池春水"，为教师职业发展提供更多选择，创造更多机会。比如一些规模较大的集团校，可以推动教师在不同学校、不同校区间流动，打破原有教师难进难出的状态，也让"合适的人干合适的事"有了腾挪空间。一位集团校的校长告诉笔者，在集团内部促进教师流动，不仅有助于实现教育均衡，对教师自身发展也大有裨益。原来学校里一些表现不太好的教师，被派到外地分校去，结果精神面貌焕然一新，成为当地名师；一些表现好的教师，被提拔成为分校或集团成员校的领导层，闯出一片新天地；一些表现较好的分校或分部的教师被调到总校或本部，教学水平进一步得到提高。这一系列积极变化，就源于一个"动"字。

破除教师成长的"体制"依赖，才能激发教师的创造性，点燃教师的激情，让他们无论何时何地，都能以自信的姿态参与竞争，在教育改革的大潮中乘风破浪，勇往直前。

（原载于《中国教师》2021年第11期）

教学反思的三个视角

反思，是教师交流研讨中的高频词语。"一个教师写一辈子教案不一定能成为名师，写三年教学反思则有可能成为名师。"华东师范大学叶澜教授的这句话充分说明了反思在教师专业成长过程中的重要性和特殊作用，成为很多教师自我鞭策的座右铭。

事实上，我国《小学教师专业标准》和《中学教师专业标准》在教师专业能力方面，均提出要"主动收集分析相关信息，不断进行反思，改进教育教学工作"，"针对教育教学工作中的现实需要与问题，进行探索和研究"。这实质上就是要求教师注重反思，提高自身思维能力。

按照基本理论和教学规范开展教学、拥有较为成熟的经验和自己的风格、提炼形成自己的教育思想与教学主张，这是教师成长发展的三个层次。从实践到经验，再从经验到理论主张，其间的跨越与升华不会自然而然地实现，需要一定的"催化剂"，需要借助一定的思维工具和方法。美国教育心理学家波斯纳认为：成长＝经验＋反思。他说："没有反思的经验是狭义的心得，至多只能是平庸的知识。"事实上确实如此，没有反思，教师职业生命只是"实践—实践—实践"的简单叠加；有了反思，教师职业生命才能实现"实践—反思—提升"的螺旋式上升。

反思是基于实践的二次学习的过程，通过反思，教师对教育教学实践进行再认识、再思考，总结经验教训，可以进一步提高教育教学水平。在教育教学过程中，教师该从哪些角度去反思？笔者建议，不妨从反思一堂课（点）、反思一段教学经历（线）、反思当下某项教学改革或教学模式

（面）三个视角入手。

一、反思一堂课

课堂是教学最基本的组织形式，一堂课，是教学组织最基本的时间单元，通过一堂课，可以反映出很多东西。教学反思应从具体的课堂教学开始，研究如何上好每一堂课。

针对具体的一堂课，有非常多的观察角度，比如教师的教学观念、基本技能、教学风格，以及对于教材、学生学情的熟悉程度，等等。笔者只想强调其中两个方面。

其一，反思教学预设是否科学合理。教学设计、备课就是进行课堂的预设，预设是否科学，一定程度上决定了课堂内容结构是否合理、课堂的价值引领是否得当、学生的主体地位是否得以彰显，以及教学目标是否能分解落实到课堂上。智者千虑必有一失，有时候一堂示范课、研讨课经过了名师指点、诸多教师合力进行多轮打磨，依然可能存在瑕疵或曰存在可进一步改进的空间。

笔者数年前到深圳某知名学校听了一堂课，记得讲的是小学四年级科学课程中"矿物的分类"这一节。教师讲了矿物的特征，以及观察判别矿物的各种方法，如看一看、摸一摸、闻一闻、照一照等。在课堂上，教师设置了一个学生动手体验的环节，学生被分为若干小组，他们借助各种工具，采用教师讲授的方法，对给定的矿物质进行观察和描述，拿着观察记录单，在每一种矿物后面，填写按不同判别方法进行观察后的结果。在评课环节，笔者提出："这样的任务设计不太科学，让学生简单应用教师教的方法对已知的矿物进行观察和描述，并不需要动脑，这样的合作探究只是形式上的。教师应该将各种矿物质匿名，让学生根据教师所教授方法，判别它们分别属于哪种矿物质，并说明判别理由，这才是应用所学知识去分析和解决问题。"后来该校一名副校长说："你讲得很对，我们之前磨课讨论过几次，就是没想到这一点。"反思预设中存在的问题非常重要,预设中出现的问题往往是方向性的问题,表明教师对于某个问题在认识上存在偏差。

其二,重视和反思课堂教学中的动态生成。课堂教学是师生协同努力完成的一个探索过程,只有预设没有生成的课堂教学是死板僵化的。预设与生成完美结合,才能造就精彩的课堂、令人回味给人启迪的课堂。课堂上学生的表现有时候会给教师带来惊喜,有时候又会让人觉得不尽如人意,背后的原因都值得深思和总结,特别是课堂上出现了与预设不一致的状况时,如何随机应变,能充分体现教师的素养和智慧。

针对具体的一堂课进行反思,首先,要有勇于自我批评的精神。课堂教学反思的目的在于找出问题、总结经验,以利于进一步提高教学水平。因此,反思不能走过场,要有直面自己不足和软肋的勇气,"家丑不怕外扬"。其次,要虚心听取别人的意见,善于从别人的批评或建议中发现问题。大家都有这样的体验,顺着自己的逻辑和立场,总觉得自己的做法是对的,但是站在旁观者的角度思考未必这样想。比如很多教师在上公开课、示范课时,教学内容安排得比较满,下课铃响了课还没上完的情况很常见。教师可能是想体现自己教学设计的精妙和教学水平的高超,但结果适得其反。这与报纸排版是一样的道理,好的版面应该舒朗大气、适当留白,而不是密密麻麻地灌满文字。

二、反思一段教学经历

反思一堂课的教学得失聚焦于"点",检视课堂教学的具体方式方法;而反思一段教学经历则着眼于"线",检视自己的教学观念、教学思想是否科学,是否存在偏差。时不时回顾梳理一下自己阶段性的教学经历,可以看出自己成长的轨迹,在哪些方面有进步,如何避免走弯路及如何更好地进步。这种反思不仅对自我成长和职业规划有益,对他人而言亦是富有价值的"他山之石"。

南京师范大学附属小学的特级教师贲友林，从照抄教案、照着教案上课，到独立进行教学设计，一步步成长为小学数学界名师。他在《在教与学的重构中成长》一文中，对自己从教20多年的经历进行了梳理与反思："最初设计怎样教学生；后来设计怎样教学生学；再后来设计怎样教学生能够主动地学、创造性地学、个性化地学。教师在设计教学的过程中，也设计着自己。"由此，他总结出教师成长的三个阶段：第一阶段，关注教材，知道自己教什么；第二阶段，关注自己，在课堂中展现教师自己；第三阶段，关注学生，教师明白了教是为了学。从第一阶段到第二阶段，一般能自然过渡；从第二阶段到第三阶段，则要靠教师的用心与努力。

通过一段教学经历的反思，我们发现，教师发展是有阶段性的共性特点的，在某个阶段，有些偏差和错误恐难完全避免，比如照本宣科，比如在教学设计时以自我为中心等，但是有反思意识的教师会认识到这样的做法是不对的，从而会有意识地去纠正，而不是浑然不觉或自我感觉良好。

对成长经历进行反思，有一点特别重要，就是要做一个有心人，善观察、多思考，对每天的课堂教学情况，特别是一些不同寻常的情况及时做好记录。俗话说"好脑瓜不如烂笔头"，如果不趁热乎劲儿把当时的情境和思想的火花记录下来，等到时过境迁，回忆起来脑子里可能就会一片模糊。贲友林就有这样的好习惯，他从2002年2月开始，坚持每天写教学手记，记录自己的课堂教学过程，记录自己的教学思考，记录学生是怎样学的，记录自己是怎样教的，记录自己教学行为背后的想法，十几年来，从未间断。有了这样的积累，梳理反思的时候就会言之有物、言之有据、科学严谨，而不只是笼统、大致的一些感想。

三、反思某种课改新理念新模式

教学反思，除了以自我为观照对象，还应关注当下课堂教学改革的新探索。当前中小学教育正处于教学观念转型、课程整合升级、教学方式创新、教学组织重构的改革变动期，各种新的教学思想或实践探索层出不穷。这些变革都直接或间接地会对教师的观念及课堂教学行为产生影响，因此，对当下的课堂教学改革新理念、新模式进行反思，有利于倒逼自己对相关问题进行系统深入研究，提高审辩性思维能力，从而促进自身专业成长。

这个视角的反思，贵在富有"独立之精神，自由之思想"（陈寅恪语），不盲从潮流、不迷信权威，辩证吸收，为我所用。这对教师的理论素养和思维能力提出了更高的要求。笔者建议，教师在反思时应把握好三点：

一是提升理论素养，由教学现象、操作模式追溯其理论源头，认清某项改革探索的理论流派归属。比如属于行为主义、认知主义还是建构主义？如现在流行的小组合作学习、项目式学习、强调学生体验探究的学习，均属于建构主义的教学主张。明晰了大框架和体系脉络，才能由此判断各种改革的价值取向、特点特征、适用范围及其局限性。对于各种教学理论，应该全面、客观地辩证分析，取其精华去其糟粕，不宜偏执一端。多阅读课程教学方面的理论著作是提升理论素养和反思意识的基础，具备一定的理论素养，才能将教学现象与其背后的教育规律、本质联系起来。

二是在学习各种课堂教学改革新探索、新模式时，要学其"神"而非具体的"形"。现实中，有些教师僵化地照抄照搬别人的模式和具体做法，结果效果不佳。原因何在？我们可以质疑该探索本身是否科学合理，但更应该反思自己是否理解、领会了该项改革探索的精神实质，是否能根据其核心要义活学活用，而不是简单地依葫芦画瓢。

三是与自己的实践对接，用自己的实践来验证，从中发现问题。每一位教师既是新理念新模式的实践者，也可以成为改进者、创造者。每一项教学改革探索、每一种新的教学模式都不可能尽善尽美，特别是在起始阶段，需要众多实践者边学习、边应用、边反思、边改进，不断进行补充、修正、重构、创新，使之趋向完美，个人亦在这样实践与反思交织的过程中获得成长。

（原载于《中国教育报》2021年10月8日第5版"主编漫笔"栏目）

角色转变后,教师当于何处发力

随着课程改革的推进,一些观念已经深入人心并对教师的教学行为产生影响,甚至化为教师的自觉意识和行动。其中之一便是教师在课堂上的角色定位问题。

教师在课堂教学中应扮演什么样的角色?现在普遍认为,教师应该摒弃"满堂灌""填鸭式"的教学方式,把时间还给学生,让学生成为学习的主人。教师应该从知识的传授者转变为课堂教学的组织者,学生学习的合作者、引导者。

教师角色身份的转变是一个"破"与"立"辩证统一的过程,但"破旧"容易"立新"难:可以通过各种办法让教师减少课堂讲授时间,但是教师如何才能胜任新的角色?前者靠行政力量干预就可以做到,后者则更需要发挥教师的创造性。

角色转变后的教师,该在哪些方面有所作为、有所强化?这当然可以从许多角度去分析,笔者仅结合自己的观察,提出容易被忽视的四个方面。

一、为学生搭好思维的脚手架

笔者曾观摩过一节"借班上课"的小学语文研讨课,授课的是某省一位较有名气的教研员。在上课的过程中,老师讲得不多,设计了很多互动环节，试图启发学生深度思考，但尴尬的是，老师提出一个问题，学生常常无人举手，老师频频"点将"，学生的回答也差强人意。老师有点急了，不断催促"快点，快点"，直至最后说出"这不行啊，这可不像是我的学生"（潜台词：我的学生可没反应这么慢的）时，台下众多听课的老师忍不住交头接耳窃窃私语起来，显然，大家都认为这位老师的课堂处理方式有问题。

问题出在哪里？表面看是老师没有耐心、不善把控时间和课堂节奏，语言表达欠妥。但我认为，这堂课没上好，最根本的原因是教师对学生的思维水平摸得不透，没有给学生搭起思维的"梯子"，所以只能看着学生"爬不上来"干着急。类似这种大型研讨会上的示范课、研讨课，虽然授课教师对"借班"的学生接触了解不深，但是被选择来上课的学生一般而言水平不会太差，教师设计的问题学生普遍答不好，说明教师设计的问题超出了学生的思维水平。

清华附中王殿军校长就曾谈过这个问题，他认为，教师在教学中一定要考虑到儿童的思维水平和特点，这好比走路，成人一步能跨过去的距离，儿童则需要分成两步或三步，所以课堂上有些老师认为"显而易见"的问题，学生却搞不明白。

还是回到上述那个例子。遇到这样的情况，不停地催促适得其反，经验丰富的教师应该马上调整策略：或在关键处适当点拨、在梗阻处适当牵引，或换一个思维难度低一点但有助于理解刚才所提问题的问题。这实质上就是为学生的思维提供一把"梯子"或一块"垫脚石"，引导他们到达目的地。

要由"满堂灌"走向启发式、探究式教学，激发学生创新思维、培养学生的高阶思维至关重要。教师不能替代学生思考和探究，但尊重学生学习的主体地位不意味着教师可以不闻不问。教师要通过教学内容和课堂教学环节的设计，为学生搭好思维的脚手架，让他们能够自由攀爬。

创设知识情境就是启发学生思维的一个重要方式。我们都有类似的体会，别人向你介绍一个新事物，讲了半天你还是不太明白，但是给你举个例子或打个比方，你一下子就明白了。或者别人给你讲一个事物，过了一段时间以后回想，印象最深的就是对方举的那个例子。举例子、打比方，实际上就是把事物的内涵代入实例、情境，用情境化的方式表达出来。如何将概念化、符号化的知识与学生易于理解的、生活化的情境建立起联结，这需要教师花点心思去研究。此外，教师还可以通过设计一些工具，比如思维导图、卡片、表格等，以工具撬动学生思维。

二、为学生规范表述当好示范

最近笔者和几位初中学生家长交流，大家不约而同地提到一个让人头疼的问题：孩子题目会做，答案也对，就是不会规范地表述解题的步骤和过程。

题目会做且能做对，说明思维的链条没有断，不会写解题步骤和过程，主要是缺乏这方面的规范练习，无法将思维过程和逻辑推理用文字和符号有条理地表述出来。这里面有学生的原因，如懒惰、"偷工减料"等，也可能有教师的原因。

现在电子课件在课堂上应用越来越普遍，教师板书越来越少。有些语文老师上完一堂课，黑板上一个字都没有。有些数学老师讲解题目时，因为嫌麻烦、费时，也不爱一步步板书完整的解题过程。有的老师讲课时措辞不准、条理不清、逻辑混乱，"以其昏昏"，如何"使人昭昭"？

教师的行为对学生具有极强的示范作用。陶行知先生提出"学高为师，身正为范"，北京师范大学的校训是"学为人师，行为世范"。但人们通常更多的是从品行与道德的角度去看这个问题，其实从课堂教学的专业角度看，何尝不是如此？试想，语文教师不爱写字、写不好字，又怎能影响学生写出一手好字？数学老师自己不规范表述解题过程，又怎能指望学生"无师自通"？物理、化学老师自己不严格按照要求做实验，又有什么理由指责学生操作不规范？

其实解决这个问题并不难，首先，教师先要严格要求自己，教学过程中亲身示范，学生依葫芦画瓢，模仿几次也就会了。教师板书演算、步步论证、动手操作并在此过程中与学生互动，其影响力、感染力是PPT或学习材料不可比拟的。其次，教师要从细节上对学生从严要求，不合格不让过关，倒逼学生养成良好的习惯。在"双减"背景下、在教师角色身份转型过程中，千万不能以提高效率为名，把教师的教学示范功能给弱化或给"减"掉了。这是教师职业的本质功能之一，任何时候都不能忽视。

三、引导学生做好时间管理

2020年，突如其来的新冠肺炎疫情及史无前例的"停课不停学"、长时间的居家在线学习，让许多学生的学业成绩发生了剧烈的分化。一些学生抓住这段时间实现了"弯道超车"，也有一些学生这段时间成绩直线下降。长期以来，许多学生习惯了把一切交给老师和家长来安排，自己只是按部就班地完成任务，所以新冠疫情居家学习期间，有些学生能把学习安排得科学合理、井井有条，效率很高，而有的学生则茫然无措，学习杂乱无章、效率低下。究其根本原因，就在于自我学习、自我管理能力不同。

自我学习和自我管理的核心是做好时间管理。懂得什么时间该做什么事，如何在有限的时间内高效地做事，学习效率自然就提高了。教师角色转变要求把更多的时间留给学生自主学习和探究，"双减"政策也要求减轻校外培训负担和学生作业负担，把时间还给学生，更多用于促进学生全面发展。那么问题来了：如何充分利用好有限的课堂教学时间，提高效率？学生自主学习的时间和自由支配的时间多了，他们能科学地、高效地利用好吗？

角色转变后的教师，首先应该做好自己课堂教学的时间管理，要有向40分钟要效率的意识和观念，这是当好课堂教学"组织者"的基本要求。有些教师课堂上给了学生很多小组合作讨论和自主学习的时间，但是由于缺乏规则和时间管理意识，白白浪费了很多时间。在时间管理方面，管建刚老师推行的家常课改革值得借鉴，他的课堂结构"极简"，老师讲得少，大部分时间是学生在"学"与"习"，但是老师却"极忙"，忙着组织学生完成一项项任务并对完成的情况进行评价。教师科学安排利用好课堂时间，有助于培养学生不拖沓、不忙乱的学习习惯。

实施"双减"后，很多学习任务由过去明确的作业任务变成了需要学生自己规划和落实的内容，这对学生学习的自觉性和时间管理能力提出了更高的要求。指导学生用好课余时间、养成良好习惯、提高学习效率，这是"双减"背景下教师转变角色面临的一项新任务。

四、做好学后反思的设计与指导

苏格拉底说："未经反思的生活，是不值得过的生活。"同理，未经反思的学习，是有缺憾的学习。在课堂上，教师可以通过提问和设置学科探索情境引导学生反思，而对于学后反思的意义及教师在学后反思中的重要作用，很多人则认识不足。

反思是从知识到素养、从理论到实践的连接器。正如华东师范大学崔允漷教授所说："学后反思是从知识技能到素养养成这一重要学习经历的实践过程。核心素养具有情境性和实践性。知识与技能只有在情境下变成学生的能力，再通过反思，才能最终实现素养发展。"

学后反思是对学习经历和课堂学习结果的"反刍"，是一个二次学习和升华的过程。毫无疑问，学生是学后反思的主体，但这并不意味着教师可以事不关己，高高挂起。教师要引导学生树立学后反思的意识，指导学生学会反思的方法，提升学生的元认知水平，而不是生硬地督促或批评学生："你好好反思一下！"

角色身份转变后的教师，要帮助学生做好学后反思的设计。它不是对课堂所学知识的简单回顾，而是应该对所学知识进行系统的梳理，形成新的结构化的知识体系。人们常说，只有结构化的知识才是有力量的。现在大家都强调大概念教学，大概念也是建立在结构化知识基础上的，否则就只是不能着地的空概念。学后反思还需要联系生活拓展学习过程，让学生实现建构式的学习；需要对反思总结出的问题进行深度分析，改进学习方法和策略……显然，这些都不是单靠学生自己就可以完成的，需要师生合力才能实现。在学后反思的过程中，教师是设计师，是引导者，是评价者，这是角色身份转变后的教师"主导作用"的体现。在此过程中，教师还可以通过信息反馈和分析，探寻改进教学方式、提高教学效率之道。

（原载于《中国教育报》2022年3月11日第5版"主编漫笔"栏目）

附

专家访谈：教育需要微创新

访谈对象：

陶西平：曾任国家教育咨询委员会委员、国家总督学顾问、联合国教科文组织协会世界联合会副主席、亚太地区联合国教科文组织协会联合会名誉主席、中国民办教育协会名誉会长、北京市社会科学界联合会名誉主席。曾任北京市教育局党组书记、局长，北京市人大常委会副主任。

中国人做事和写文章讲究"从大处着眼，从小处入手"。改革创新也是一样，既需要宏观政策、体制机制和顶层设计方面的变革，也需要针对具体问题提出解决或改进方案。正因如此，教育微创新日益受到重视。什么是教育微创新？倡导开展教育微创新意义何在？又该如何在日常的教育教学和管理过程中实施微创新？针对这些问题，记者采访了教育微创新理念的倡导者、国家总督学顾问陶西平先生。

一、寻找解决具体问题的途径也是创新

记者："微创新"一词最早起源于互联网和IT技术领域，您是教育微创新理念的首倡者，您认为什么是教育微创新？

陶西平：2012 年 9 月 13 日，苹果公司发布了第 6 款手机 iPhone5。iPhone5 与上一代产品 iPhone4S 相比，更轻薄，屏幕尺寸更大，厚度比前一代薄了 18%，重量比 4S 轻了 20%，采用速度更快的 A6 处理器，速度是 A5 处理器的两倍，屏幕的尺寸扩大到 4 英寸，应用软件的图标比前一代也增加了一行。于是，这一代手机很快引来热卖。三星公司也是不断推出一代又一代的新产品，并且投入了市场的激烈争夺。

其实，仔细观察，这些新产品的层出不穷固然也有少许涉及系统的改变，但多数是满足人们使用需求和心理需求的微创新、小改进。据说三星公司就是根据多数使用者的手型改变了手机的宽度和机键的位置，使人们用起来更方便、更舒适，一下子销量大增。所以，微创新也是生产力，微创新也可以创造巨大财富。

教育事业的发展也是如此。伴随时代的前进，教育领域不仅有许多长期难以解决的问题，又不断出现许多新的情况，教育管理和教育教学活动都面临严峻的挑战，改革确实进入了深水区和攻坚区。而教育体制、教育政策的制定和改革需要政府的统筹、顶层的设计，以保证教育事业的全面、协调、可持续发展。教育理论的创新和教育科学的研究需要专家的引领，以发现教育事业前进的规律以及探求规律的应用。但这些都不能取代对学校和教师每天遇到的具体问题的回答。寻找解决这些具体问题的途径，也同样是实实在在的教育创新。当然，这可能不够宏观，也可能一时不成体系，所以，我们可以称之为"微创新"。

二、小创新能引发对大问题的突破性思考

记者：在很多人眼里，创新是一件比较难的事情，也有人认为微创新是"不干大事抓枝节"，对此您怎么看？

陶西平：经济学大师熊彼特在 1912 年提出了他的创新理论，并在其

后几十年间不断完善补充。在熊彼特眼中，不是什么新东西都可以称为创新，只有具备了相当特质的新事物才是创新。首先，创新是原创。其次，创新是一种革命，不是对旧事物的修修补补或改头换面。第三，创新是对旧事物的取代和毁灭。第四，创新必须创造新的价值。正因为创新被如此规定，熊彼特才把创新视为社会变革和经济发展的根本动力。也正因为如此，有些同志怀疑是否倡导微创新会把创新庸俗化。我想，我们并不是要亵渎创新的神圣含义，更不是忽视理论创新和制度创新在教育事业改革与发展中的关键作用，只是想破除学校和教师对创新的畏难情绪，鼓励大家积极参与创新活动。其实，所有的创新在一开始都未必那么完善，那么成体系，那么震撼人心，更可能是从一点一滴探索起步的渐进过程。英国对创新有一个常用的定义，就是新思想的成功应用，我想，微创新就是一种发现原有的缺点和问题而采取的新方法的成功应用。微创新很可能有借鉴他人的成分，但一定要有自己的想法和实践，这是它能够超越和取得实效的重要原因。

记者：在您看来，教育微创新的价值和意义何在？

陶西平：微创新虽然看起来小，但它不仅可能丰富教育科学的宝库，而且可能引发对教育大问题的突破性思考，所以，小中有大，小中见大，其意义绝不可低估。

学校里的管理人员和广大教师每天所面对的问题，都是微创新的切入点，所以，推进学校内部的微创新不仅是改进学校管理、提高教育质量的动力与途径，也是教师专业发展的有效途径。校长和教师都应当有自己的微创新课题，都应该通过微创新科研提高自身的专业水平。

三、教育微创新要从问题出发，重视实践

记者：具体怎么开展教育微创新活动？

陶西平：微创新应当从问题出发。要全面分析自己从事的管理和教学工作，找到存在的难点、关注的热点，从而有针对性地确定研究课题，将科学研究与工作实践紧密结合起来。

微创新应当有研究方案。要对研究课题进行认真调研，理清关键点，找准切入点，确定创新点，制定包括实验方法、实验进程的方案，使研究有序进行。

微创新应当是学习的过程。要搜集与课题相关的资料，边学习，边研究，以学习指导研究，以研究加深理解，从而增强科学性，减少盲目性。

微创新最重要的特点应当是高度重视实践。微创新多属于应用研究和行动研究，要在自己工作的领域内大胆进行实验，在实践中验证设想，在实践中完善方案，在实践中发现规律，并且重视积累实践过程中的数据与资料。

微创新还应当进行成果评估。对各项微创新成果的评价，要以实效为检验的重要标准。对有成效的微创新成果要予以鼓励和奖励，对有较大价值的成果应当创造条件让教师进行更加深入的研究，并采取适宜的方式进行推广。

记者：您还倡导教师搞微创新科研，微创新科研与以往的教育科研活动有何不同？

陶西平：许多地区都提出科研兴校，这无疑有助于提高教师的专业水平和学校的社会声誉。但他们往往只热衷于参与国家重点课题的研究，或者热衷于自创一个理论体系，这并无不可，但又由于常常力不从心，实际参与课题研究的人很少，同时难以取得实际的进展，最后不得不请一批专家来帮助总结提炼，撰写论文交差结题。虽然进行了"科研"，但并没有真正"兴校"。学习型组织的倡导者彼得·圣吉说过，创新就是让今天比昨天更好。也就是说，创新是为了促进学校面貌的真实变化和教育质量的真实提高。微创新既有助于学校成员的广泛参与，有助于调动学校内部所有成员的积极性，又有助于解决实际存在的问题，我想这是多数学校应该做而且能够做的科研。如果我们国家的教育改革将上下的积极性都调动起来，将宏观研究和微观研究结合起来，改革的进展必将更快，产生更大的成效。

在教育改革的大潮中，每所学校、每位教师都应当勇立潮头，都应当成为创新者，这不仅是对学校改革与发展的贡献，更是对中国教育事业改革与发展的贡献。

四、要重视教育微创新评价活动

记者：在国际上，在教育微创新方面有没有可借鉴的经验？

陶西平：印度开展教育微创新评价活动的情况，对我们很有启发。

STIR（学校和教师评估创新，Schools and Teachers Innovating for Results）教育机构是在英国和威尔士注册的一个非营利机构，这个机构的工作是确认、测试和评估印度学校和教师主导的微创新，以提高最贫困地区孩子的教育成果。STIR 搜集并推广优质教学活动，这个组织的创始人认为，比起单纯的拨款，先进理念的普及更能帮助学校实现转型。

STIR 支持"草根"发起的能够快速提升发展中国家城市学校教育质量的微创新项目。他们相信，创新可以在任何地方进行。STIR 对所有类型的学校和教师主导的微创新都会按所列的主题进行分类，这些主题都是 STIR 界定为对提高教育质量起关键作用的领域。2012 年 STIR 印度德里微创新教育成果中就有一些很有意思的创新，像：用笑脸卡促进学生成功、用案例研究方式促进教师职业发展、教师招聘试用采用三阶段制、巧妙利用手机中的读音法、低成本而高效的课堂资源、通过宝莱坞歌曲学习诗歌、根据目标而非课本教学、读写能力教学三步法、用学生信箱促进学生写作、精细利用学校空间等。

比如，"通过宝莱坞歌曲学习诗歌"的创新者 Bindu，注意到学生学习诗歌时往往有困难，可能是因为诗歌与他们的日常生活连接不起来，于是他将印度语流行歌曲的歌词和相关的流行文化纳入课程，使学生记住与诗有关的歌词。

我想，微创新评价应当也是一种创新活动，它对于激发学校与教师的紧迫感、责任感与增强创新意识和能力，进而解决当前学校教育面临的种种问题，提高学校的教育水平，推动教师的专业发展会产生积极的作用。

（原载于《中国教育报》2013年12月14日第3版）

实践案例：是什么让他们快速出彩

——苏州工业园区青年教师培养新探索

苏州工业园区是中国和新加坡两国政府间具有标志意义的重要合作项目，被誉为国际合作的成功范例。近年来，工业园区办学规模急剧扩大，教师队伍规模也日益庞大，工业园区近五年新招聘教师人数达4340人，其中近2/3为应届毕业生。如何让大量新入职的青年教师快速站稳讲台、保质保量地完成教学任务并获得个人的成长，成为摆在苏州工业园区教育局面前的一道难题。

然而，记者在采访中却了解到，截至2020年底，苏州工业园区入职五年内的青年教师获得教学成果奖、评优课、微课、一师一优课、基本功竞赛等市级以上荣誉达4106人次，其中包括省级荣誉2278人次、国家级荣誉1191人次（特等奖36人次，一等奖406人次），一大批"90后"教师挑起大梁，成为教坛冉冉升起的新星。

这一难题，苏州工业园区是怎么"破"的？

一、教师专业发展基本素养引领培养方向

苏州工业园区教育局局长沈坚告诉记者，不只是苏州工业园区，全国很多经济快速发展、人口大量流入的地区，都面临着短期内教师大量增长的问题。基于对工业园区经济和人口快速增长带来基础教育需求增加的预

判，园区教育局早在 2014 年就对教师人才队伍建设和教师培训工作进行整体谋划，逐步建成了重在促进在职教师更新知识结构、提升专业能力的多层次、多类型、多形态、系统性的入职培训和在职研修教育服务体系，明确了各级各类教师培养目标和教师教育基地培育目标，形成了体系化的、多级联动的教师教育课程。

作为新时代的教师，应该具备怎样的素养？工业园区教育局与教师发展中心经过认真研究，创造性地提出园区教师"三大基本素养"——教育教学"基础力"、专业成长"发展力"和组织管理"领导力"。教育教学"基础力"包括从事教育教学工作必须具备的职业理解力、课程把握力、知识掌握力和教学实践力；专业成长"发展力"包括获得专业化发展必须具备的学习力、研究力、合作力和反思力；组织管理"领导力"包括教师组织开展教育教学活动必须具备的组织力、决策力、控制力和影响力。这三大基本素养、12 个观察维度为教师培养奠定了理论基础，也为培训工作指明了方向。

二、"教育人才指数"引导实施精准培养

苏州工业园区每年新招聘教师超过 800 名，这些教师基础不同、能力水平差异比较大，如何确定分层培养目标，增强培训工作的针对性？工业园区教育局开发的"教育人才指数"测评体系这时候派上用场了。截至 2020 年，全园区 12922 名教师的 20 多万条数据已在"易加人才系统"上线，形成完整的教师电子档案。园区教育局通过全方位、系列化的大数据分析研究，建立起教师招聘、引进、交流、培养系统。近年来，园区根据大数据分析指引，在师德师风、素养学养、教学基本功、教科研水平等方面有针对性、有重点地深入持续开展培训，园区教师的综合素质得到大幅提升。

"对培训需求的大数据分析，指向学员们的薄弱点、需求点和再成长

的发展点，提高了培训的精准性和教师的获得感。"教师发展中心培训处主任殷俊认为。大数据分析暴露出青年教师的短板和弱项，园区据此进行科学匹配，安排老教师与青年教师一对一"传帮带"，各科教研员与年轻教师联动结对，为青年教师专业成长助力。园区教师发展中心还以课例研究为载体，针对教学中遇到的问题，变无中心议题的"闲谈式"研训为主题明确的专题教研，用科学研究的方法解决教学中面临的实际问题。近三年来，教师累计获得教学基本功大赛等市级以上奖项147个，其中省一等奖18个，市一等奖41个。

三、动态调整优化，完善教师教育课程体系

"我们一定要避免零敲碎打、打补丁式的教师培训，坚持从顶层设计出发，构建系统化的教师教育课程体系，并随着形势的发展，不断将新的资源、内容、方式吸收纳入，确保教师培训的质量。"沈坚说。

园区教师教育课程体系采取模块化设计，围绕教育教学"基础力"、专业成长"发展力"和组织管理"领导力"三大基本素养12个维度展开，每个维度由专业课程、通识课程、理论课程和实践课程4个模块构成，总共48门课程。其中由教师发展中心组织承担的实践性课程，如"学科教师专业素养""名师风范展示"等是教师必修课程，分学段、分学科、分年级开展，主要通过"课例研讨"观课议课＋专家点评的教研活动方式进行；由教师教育基地校组织承担的理论性课程，如"教师行动研究""课程与教学论"等，主要是通过基地精品化课程培训与网络在线培训方式进行，教师进行菜单式选学，满足教师个性化的需求；由各个学校承担的通识课程是从10个区级开发校本实施课程中选出来的，学校每年选择两门课程组织实施，其中"教师职业道德"是每年的选择性必修课程，教师不出校门，按照区级开发的实施课程指南接受培训就可以获得相应的区级培

训学时。

"3主线4维度48门课程"的教师教育课程体系，在2014年就基本成形，但内容并不是一成不变的。近年来，中央及教育部出台了一系列文件，在教育内涵、育人方式、评价方式改革等方面提出了一系列新的要求。工业园区在课程分期分批开发实施过程中，根据新的政策要求和改革发展形势，不断优化课程内容设置和课程实施形式。比如在课程内容设置上，将"师生生涯发展规划""适合的教育""新时代教师职业内涵"等适应教育改革新形势新要求的课程纳入课程体系；针对国家关于立德树人、教师素养等的要求，对相关内容进行调整升级，如将"把握学科能力竞赛"升级为"学科教师专业素养"等。除此之外，定期对部分课程实施指南进行调整、优化，融入新时代教育元素和园区教育元素。

在课程结构上，工业园区拓展体系边界，构建起"3+X"课程体系。"3"即"三力"教师教育课程，"X"即为满足教师个性化需求而开设的、针对特定教师群体的特设课程，包括新上岗教师通识培训与学科培训、名师后备高研班系列培训、名特优教师高研班培训等。

为适应教师教育发展的新形势，园区通过引进区外优质资源，建设了"处处能学、时时可学"的教师教育网络研修社区，开发线上线下混合研修课程。园区还组织基地校开展"精品化"面授，其课程规模更小，针对性和实践性更强，教师参与的自主性更高。线上线下混合式研修课程与"精品化"面授课程多元互补，丰富了课程的实施形式。

四、"国际师训"促进教师教学观念变革

工业园区积极利用自身国家级经济开发区优势，引进新加坡创新教育的理念和方法，与新加坡淡马锡基金会牵手，共同打造"国际师训"项目，打开教师国际化视野，提升教师创新教学设计能力。

"国际师训"项目邀请新加坡南洋理工大学国立教育学院和新加坡科技设计大学专家教授担任导师,重点围绕"创新教学法"开展"现实世界情境中的问题""使用草绘训练设计思维""SMART 科学探究式教学""5E 学习周期的 SMART 科学探究式教学""学校科学中的反思性学习与思维技巧""数学建模""研究性和项目性教学的规划和应用策略"等主题课程学习。

2018 年 6 月以来,新方导师为园区 175 位教师开展了 8 次培训。同时,园区选派部分中小学优秀教师赴新加坡开展"深刻体验式学习",这些教师回国后成为"种子教师",担任培训导师,面向苏州市部分中小学教师开展本土教师培训实践活动。2020 年 12 月,园区 29 名教师通过作业评阅、线上答辩等竞赛环节,分别荣获"国际师训"项目成果金银铜奖。

参加"国际师训"项目的教师,在学科教学、学校社团活动中积极实践创新教学法,创新教学应用在园区各学校形成燎原态势。

如园区东沙湖实验中学时苗老师运用"5E 教学法",开展主题为"春"的专题研究。她引导学生收集整理近三年苏州同期气温情况,发现苏州真正意义上的春天,从品鉴古代的"九九消寒图"到自行设计不同风格的"九九消春图",巧妙地将语文、信息技术、美术和传统文化有机融合。

园区大胆创新,开展师生同训项目。该项目以新兴科创项目为载体,通过公开招募、专家遴选方式组建跨校研习团队,开展系统化项目式学习活动,项目成员均来自区内各学校青年教师和优秀学生。

"教学是师生互动的过程,改造教师的教育观念和教学方式,学生不能缺席。"师生同训项目负责人胡益兵老师说。师生同训课堂一改传统教学模式,打破学科边界,多学科知识融合,注重培养师生运用知识解决问题的能力。师生同训打破了参训者的年龄边界,从十多岁的小学生到四五十岁的教师,经常坐在一起讨论、学习。目前,创新发明、玩游戏学编程、开源硬件创意智造、模型设计与制作、创意瓦楞纸综合实践、创意木工等 10 多个具有鲜明时代特色的科创学习项目正在常态化开展。

"师生同训是教师培训理念的一场革命。这样的培训学习让我学会站在学生的角度思考问题，让儿童成为课堂的主人不再是一句抽象的口号。"师生同训项目组教师范红瑞说。

两年多来，直接参与项目的师生达 2000 多人，师生同训已为各学校培养了一批具有战斗力的科技教师团队和校际合作团队，并让一批富有时代特征的新兴科创项目在区内学校生根发芽。

（原载于《中国教育报》2021 年 4 月 9 日第 5 版）

采访后记：

刚入职的青年教师如何快速成长？这是一个很重要的话题，特别是有些地方，人口流入、教育规模快速扩张，短期内补充的青年教师较多，在这种情况下，学校和教育管理部门怎么办，教师自己怎么办？苏州工业园区的做法可以说是一个很好的范例。

苏州工业园区关于青年教师培养，我个人感受最深的有两点：

一是青年教师入职之初，不论是从组织还是个人角度来看，都应该注重系统性，而不应该具有太强太短视的功利目标。经常听到一些教师抱怨，说地方上或学校组织的培训针对性不强，缺乏实用性，"所给的不是我想要的"，可能确实存在这些方面的问题，但是对于刚入职不久的青年教师来讲，"缺啥补啥"的做法未必科学，因为"缺"了啥，可能教师自己都不清楚，需要经过一段时间的教学实践，才会一一浮现出来。我比较赞赏苏州工业园区的做法——依据教师所应具备的基本素养（按苏州工业园区的说法就是教育教学"基础力"、专业成长"发展力"、组织管理"领导力"）进行梳理，结合教师需求，系统设计，提供一套较为完整的教师发展课程体系。在这种大面积培训之后，再来根据个人的需求，开展有针对性的个性化培训，二者结合起来，效果可能会更好。

二是教师培训要和学生结合起来，让师生共同成长，新的理念、新的教学方式，要让教师和学生在共同体验中磨合，才能提高课堂的效率，取得较好的效果。苏州工业园区的"师生同训"项目是一个很好的创新探索。苏州工业园区财力雄厚，有一个硬件条件非常好的师训中心，还有新加坡的相关合作资源，其他地方未必有这么好的条件，但是这样的理念和思路是可以借鉴的。

青年教师怎样才能快速出彩？说来说去，外部环境固然重要，最终还是取决于个人，热爱教育、全身心投入、善于反思、善于学习，这些是让青年教师快速站稳讲台和获得专业成长最重要的因素。